D1670863

EL LÍDER 80/20

EL LÍDER 80/20

Diez formas para convertirte
en un gran líder

RICHARD KOCH

AGUILAR®

El líder 80/20
D. R. © 2013, Richard Koch
Título original: *The 80/20 Manager*
Publicado en inglés por Piatkus, Londres.

De esta edición:
D. R. © Santillana Ediciones Generales, S.A. de C.V., 2013.
    Av. Río Mixcoac 274, Col. Acacias
    C.P. 03240, México, D.F.
    Teléfono (52 55) 54 20 75 30

Primera edición: octubre de 2013

ISBN: 978-607-11-2834-8
Adaptación de cubierta de la edición original: Centro de Diseño de Santillana
Ediciones Generales
Traducción: Vicente Herrasti

Impreso en México

PRISA EDICIONES

Para Nicholas Walt,
con gratitud tardía.

*Respecto a los métodos, debe haber un millón
y algunos más, pero los principios son pocos.
El hombre que aprende los principios
elige exitosamente sus propios métodos.
El hombre que elabora métodos ignorando
los principios, seguramente tendrá problemas.*

Ralph Waldo Emerson

Índice

Reconocimientos

Primero: este libro no hubiera existido sin Matthew Kelly, quien generosamente me escribió hace dos años para sugerirme hacerlo. Su ayuda ha sido indispensable durante el proceso, particularmente en el capítulo sobre la Tutoría, el prólogo que escribió y al comentar los borradores del libro conforme se iba elaborando. Gracias, Matthew.

En segundo lugar, quiero dar el crédito correspondiente a los gerentes que me proveyeron con muchas de las lecciones que analizo en esta obra. Muchos permanecen en el anonimato, pero me gustaría agradecer en particular a Raymond Ackerman, Anthony Ball, Bill Bain, al finado Bruce Henderson, Alex Johnson, Lisa Manuele, Jamie Reeve y Egon Zehnder, quienes han sido gran fuente de inspiración para mí.

Mi profundo aprecio para los amigos que leyeron partes del manuscrito o dieron ideas importantes, en particular, a David Collis y Greg Lockwood, así como a algunas personas ya mencionadas.

Para Nicholas Walt, a quien le manifiesto mi aprecio tardío pero extremadamente genuino (ver la Vía número dos).

Para mis editores en Piatkus and Little Brown, maravillosamente entusiastas con el proyecto y por llevar las cosas a buen término. Estoy particularmente agradecido con Tim Whiting, Zoe Goodkin, Philip Parr, Kate Hibbert, Maddie Mogford, Carleen Peters y Jo Wickman.

Y como siempre, a mi agente Sally Holloway quien ha sido una maravillosa conspiradora a lo largo de todo el proceso y logró mantenerme constantemente involucrado.

También deseo agradecer a mis asistentes, Francisco Martins y Doug Blowers, por su apoyo.

Finalmente, a Matthew y Tocker quienes se han encargado de mantenerme cuerdo todo este tiempo y convenientemente atendido a lo largo de la escritura de este libro. Los amo a ambos.

Prólogo

Por Matthew Kelly

Hace poco más de un año, leí *El Principio 80/20* por décima vez. Resulta que trabajaba con gerentes de muchas grandes empresas del mundo y me sorprendía lo poco que aplicaban este principio en sus actividades cotidianas. Al conversar con ellos, quedó claro que conocían el principio 80/20, pero su forma de manejar las cosas demostraba que no aprovechaban su poder práctico en el trabajo diario.

De modo que escribí a Richard y le sugerí redactar el libro que tienes en las manos.

¿Por qué lo hice?

Porque quería ver más gerentes 80/20 en el mundo. Muchos más.

¿Qué significa esto?

Quiero más ejecutivos que obtengan grandes resultados, transformen sus empresas y ayuden a la gente que trabaja con ellos a realizar mejor su labor; también deseo que se sientan más vivos, satisfechos y contentos consigo mismos. Sobre todo, quiero que obtengan la transformación del carácter mismo de nuestra manera de hacer negocios para que todos comprendan que los resultados extraordinarios son posibles con un esfuerzo ordinario, si es que en verdad nos interesa lograr esos resultados.

La virtud de este libro consiste en ser inmensamente práctico. Comenzarás a poner en práctica las lecciones tan pronto como las leas. ¿Estás listo para llevar tu vida y tu negocio al siguiente nivel? El genio del Principio 80/20 reside en oponerse a la intuición. El genio de Richard Koch consiste en hacer accesible lo contrario a la intuición.

Al mismo tiempo, es esencial entender que, a pesar de que Richard vuelve sencillos los logros importantes, no es posible obtener grandes resultados sin esfuerzo inusual. El punto es que este esfuerzo no tiene por qué ser desgastante. No debe destruir tu alma ni comprometer tus valores. No conlleva riesgos enormes para ti ni para tus seres amados. De hecho, todas estas cosas serían claras señales de que sigues la ruta equivocada.

El esfuerzo inusual para que este libro te impulse de forma sorprendente reside en la mente. ¿Estás dispuesto a *pensar* de manera distinta, en un nuevo nivel? De ser así, prepárate para sentarte a los pies de uno de los maestros. Él está a punto de demostrarte cómo utilizar las fuerzas más productivas, incluyendo las que pensabas fuera de tu alcance.

Si practicas lo aprendido en estas páginas, descubrirás que se trata del esfuerzo más disfrutable que hayas llevado a cabo, no sólo para ti, sino para quienes te rodean. Cuando se aplica correctamente, el Principio 80/20 tiene el potencial de mejorar la vida de todos.

He disfrutado siendo testigo de la elaboración de este libro y ha sido un privilegio ver a Richard trabajando. También he visto el desarrollo de sus ideas y observado su pasión por ayudarte a ti, lector. Este libro te permitirá adoptar la mejor versión de ti mismo; también ayudará a que los demás experimenten la mejor vida posible.

Lee y disfruta este libro. Vívelo y descubrirás que es una de esas obras que cambian las cosas.

Todos quieren trabajar para un gerente 80/20.

¿No crees que llegó la hora de convertirte en uno de ellos?

Matthew Kelly
Isla Singer, Florida
Junio de 2012

Prefacio

¡Cuando el trabajo es un placer, la vida es alegre!
Cuando el trabajo es una obligación, la vida es esclavitud.
Máximo Gorki, *Los bajos fondos*

¿Te gustaría simplificar tu trabajo y tu vida? ¿Sueles retrasarte debido al volumen de trabajo? ¿Parece que el trabajo te controla en lugar de que tú lo hagas?

De ser así, no estás solo. Un buen número de gerentes —especialmente en tiempos difíciles— se siente de ese modo.

Pero existe una solución. Y dicha solución no sólo mejorará de modo exponencial tu desempeño, sino que te permitirá hacerlo trabajando menos duro.

Sí, es cierto.

La respuesta reside en convertirte en un gerente mucho más efectivo, y este libro te enseñará a hacerlo. También te mostrará cómo disfrutar de tu trabajo construyendo una carrera satisfactoria sin estrés ni horas interminables. Podrás lograr mucho más de lo que obtienes hoy, sin negar tu esencia y sin afectar a tu familia y a tus amigos.

¿Cómo es posible?

Muchas empresas, y ciertamente la mayoría de los gerentes, se enfocan en los procesos y no en los resultados. Se fijan en las mil y una tareas a realizar cada semana, cuando en realidad deberían atender los resultados, ver lo que produce *los mejores* resultados. Sin embargo, como este libro te demostrará, cuando en verdad se analiza qué produce grandes resultados, la respuesta es sorpresiva.

Descubrirás, que la mayoría de los grandes resultados se obtiene con poca acción y energía, hablando en sentido relativo. Pero las pequeñas acciones que se traducen en grandes logros suelen quedar ocultas en una masa de actos con pocos buenos resultados y, por lo general, muchos malos. Tanto las empresas como los gerentes tienden a fijarse en promedios, no en excepciones ni extremos. No obstante, de modo sorpresivo, son las situaciones extraordinarias las que en verdad importan.

Sabemos lo anterior debido a un extraño principio económico, conocido por vez primera hace poco más de cien años, gracias al economista italiano Wilfredo Pareto. Desde entonces, el principio ha sido validado por diversos economistas y estrategas de negocios. La "Regla Pareto" —o, como yo la llamo, el Principio 80/20 (o simplemente el Principio)— consiste en que, si divides el mundo en causas y resultados, pocas causas (cerca de 20 por ciento) generan la mayoría de resultados (cerca de 80 por ciento). Por tanto, pocas personas son responsables de la mayor parte del progreso humano (y también de los desastres humanos). Unos cuantos conductores causan la mayoría de accidentes. Pocos gerentes determinan el éxito o fracaso de su compañía. Una y otra vez se ha demostrado que pocos productos, clientes y decisiones originan las mayores ganancias para una firma. Al concentrarnos en pocos clientes y productos esenciales —vendiendo más de los altamente rentables a clientes ultarredituables— suele ser posible multiplicar las ganancias.

Quince años atrás, escribí un libro que extendía el uso del principio a la vida personal. En este nuevo libro me concentro en trabajar en las vidas de gerentes para hacerles notar las pocas cosas que deben hacer para maximizar sus resultados. Primero, te presentaré el Principio y explicaré su funcionamiento. De cualquier modo, éste es un libro práctico en lo fundamental, que te indica cómo llevar a cabo el Principio, tan fácil como sea posible. Si eres alérgico a los números, puedes saltarte el Capítulo dos, que se refiere al Principio mismo (no es necesario tener conocimiento o interés en la economía o la estadística). La esencia de este libro está en la segunda parte, que te llevará a conocer 10 maneras de convertirte en gerente súper eficiente. Puedes estar seguro de que esas 10 técnicas están sólidamente basadas en principios económicos, incluso cuando su funcionamiento parezca extraño e ilógico.

La mitad de lo que necesitas para convertirte en un gerente mucho más eficiente, consiste en comprender el caótico mundo que habitamos. Un mundo donde la mayor parte del esfuerzo es un desperdicio, a no ser por algunas cuestiones que pueden transformar nuestra vida y la de quienes nos rodean. Conforme avances en la lectura del libro, descubrirás cuestiones que van a revolucionar tu visión de la vida y el trabajo. Por ejemplo:

- Los gerentes requieren de una palanca si quieren que un poco de esfuerzo tenga mayores resultados. Analizaremos siete fuentes de apalancamiento, algunas obvias y otras no tanto, pero todas subutilizadas.
- Los gerentes más exitosos no sólo se ayudan a sí mismos sino también a otras personas —en particular, las que no se conocen por vivir en mundos distintos— para relacionrse.
- Los gerentes que son respetados (y queridos, por lo general) dedican poco de su tiempo cada semana a alentar, apoyar y guiar a su gente. Pronto apreciarás que las respuestas, en términos de productividad y espíritu de equipo, están fuera de toda proporción en relación con el esfuerzo requerido.
- Los gerentes eficientes también liberan a su equipo, dándoles la oportunidad de realizar lo que mejor saben hacer. Sin embargo, debe notarse que ésta no es una opción sencilla. Se requiere de una demanda total, honestidad y apertura de ambas partes, así como de un reforzamiento de estándares altos de calidad.
- No es un problema importante que los gerentes estén limitados de tiempo —puede respetar un espacio valioso y rico, incluso en un mundo ajetreado. Los mejores

resultados se logran alejándose del sonido y la furia que los invade a casi todos.

• Todas las carreras exitosas pueden remitirse a unas cuantas decisiones poco frecuentes pero críticas.

• El progreso excepcional se obtiene al combinar pereza cultivada con inteligencia y ambición extrema.

Algunas de las 10 maneras de convertirte en un gerente excepcional son fáciles de dominar. Otras requieren más esfuerzo, pero sólo en el sentido de estar dispuesto a cambiar la forma de aproximarte a las cosas, sin referirme al esfuerzo duro y arriesgado en que solemos pensar. Las 10 maneras reditúan de modo fenomenal a largo plazo, no sólo en términos financieros sino al sentirnos bien con nosotros mismos por participar en el mejoramiento de la vida de otras personas.

Puede que suene demasiado bueno para ser cierto. ¿Hay gato encerrado? Bueno, en realidad hay tres.

Para que esta nueva manera de ver las cosas funcione para ti, primero debes estar dispuesto a librarte de viejas creencias y hábitos de trabajo: no seguir a la manada y pensar por ti mismo. Eso puede resultar difícil al inicio.

La segunda cuestión es estar en el empleo correcto, trabajar para la firma indicada y tener al jefe adecuado. En general, esto significa tener la capacidad de hacer la diferencia en una empresa que promueve la libertad y la creatividad en lugar de reprimirlas. Sin embargo, la mayoría de los empleos y las empresas no se ajustan a esta descripción. Aun así, existen algunas y son fáciles de encontrar. Suelen ser muy exitosas, crecen cuando los competidores declinan y sus empleados son felices.

El tercer punto es querer hacer algo con tu vida. Y me refiero a quererlo en verdad, con todo tu corazón y toda tu alma. No importa qué quieras, siempre y cuando seas serio al respecto.

Si estos tres puntos no te han hecho retroceder, sigue leyendo. Como dijo Karl Marx, uno de los pensadores más completos del siglo XIX, en otro contexto, no tienes nada que perder a no ser tus cadenas.

¡Y puedes ganar un mundo maravilloso!

PRIMERA PARTE

La pregunta:
¿Estás abrumado?

Capítulo uno

¿Te gustaría simplificar tu trabajo y tu vida?

> *Roy Grace sentía cada vez más que su vida era un reto constante contra el reloj. Se sentía como el participante en un programa de concursos que no ofrece premios por no tener final. Por cada correo electrónico que lograba responder, entraban cincuenta. Por cada archivo que desahogaba en su escritorio, entraban otros diez.*
>
> Peter James, *Dead Tomorrow*[1]

¿Te parece que el trabajo es abrumador? ¿Se acumulan los asuntos pendientes en tu bandeja de entrada? ¿Sientes que siempre te retrasas? ¿Luchas por terminar con tu lista de pendientes? ¿Sueles llegar tarde por la noche a tu casa? ¿Sientes que te buscan constantemente en tus dispositivos móviles? ¿Te sientes decaído en tu camino al trabajo y culpable al regresar a casa? ¿Piensas que nunca te pondrás al corriente con la carga de trabajo? ¿Sientes que no tienes el control? ¿Sospechas que tus jefes no comprenden ni se interesan por tu situación?

Si te identificas con alguno de estos postulados, tengo buenas noticias para ti.

El trabajo no tiene que ser así

No niego que estas presiones existan, ni que se incrementen a cada paso entre la mayoría de los gerentes.

---

[1] Peter James, *Dead Tomorrow*, Macmillan, Londres, 2009, p. 49.

Cuando comencé en el mundo de los negocios, hace 40 años, trabajé para una gran empresa petrolera. Era frustrante porque había muchos niveles y departamentos en la organización, el trabajo no resultaba abrumador y mucha gente ayudaba con gusto en caso de necesidad. Estos gerentes estaban siempre aburridos porque sus platos distaban de estar llenos. Había procedimientos simples que debían seguir, claras descripciones de puestos y colegas con bastante tiempo libre para mostrarme el camino.

Cada viernes, los jefes de mi departamento se dirigían al *pub* desde las doce del día para gozar de un almuerzo con tragos de dos o tres horas de duración. Transcurrido cierto tiempo, se me permitía unirme a ellos. Durante estos largos almuerzos supe que a muchos de mis colegas no les gustaba su trabajo, pero jamás los escuché decir que la presión los asfixiaba. El trabajo era una cuestión del todo social. Siempre había tiempo para descansar con los pies encima del escritorio, gozar de la brisa y organizar la vida fuera de la oficina. Nadie —y quiero decir *nadie*— trabajaba de corrido desde que llegaba hasta la hora del almuerzo en la década de los años setenta.

Más o menos en esta época, Robert Townsend fundó Avis Rent-a-Car. Comenzó como un negocio pequeñito y lo convirtió en una exitosa empresa multinacional. Él hizo algo que resultaba único para un gerente en esos años. ¡Escribió un libro! Estaba cansado de los múltiples niveles burocráticos; los conglomerados se tornaban cada vez más lejanos de su base laboral y de sus clientes, de modo que lanzó una retahíla contra los peces gordos que dirigían las corporaciones estadounidenses, acusándolos de ahorcar a la gente y limitar las utilidades. El simple título de su libro era *Up the Organization*.[2]

"En la empresa promedio", comenzaba Townsend, "los muchachos que organizan el correo, el presidente de la empresa, los vicepresidentes y las secretarias tienen tres cosas en común:

---

[2] *En lo alto de la organización* [N. del T.].

son dóciles, están aburridos y son sosos".[3] Estados Unidos se había convertido en "una nación de oficinistas", de "mortales entrenados para servir a instituciones inmortales". Su mensaje a los ejecutivos de más alto rango era: "Su gente no es floja e incompetente. Sólo parece serlo… Dejen de pisotear a su gente. Es *su* culpa que estén oxidados debido a la falta de trabajo."[4]

Muchos de los reproches de Townsend resuenan todavía hoy, habiendo transcurrido 40 años. ¿Pero en verdad dijo que la gente estaba oxidada por la falta de trabajo? Eso no suena bien a nuestros oídos. ¿Tal vez era sarcástico? No. Hablaba en serio. Allá en los años setenta, había poco trabajo gerencial disponible.

¡Cómo han cambiado los tiempos! El exceso de personal terminó hace mucho. Las perpetuas reestructuraciones han acumulado más y más trabajo en cada vez menos número de gerentes. En estos días, el término del que más se abusa en el léxico gerencial es *empoderamiento*,[5] proceso que generosamente te permite hacer el trabajo de dos o tres personas y no el de una. Quizá la nueva rutina sea buena para tu hígado, pero la pasarás muy mal tratando de hallar tiempo para comer, por lo menos, un sándwich a mediodía.

Hoy, la frase estrella es *excelencia operativa*, que significa "costos aún más bajos". También tenemos los términos *comoditización*,[6] que significa "hacer y vender productos tan baratos como sea posible, quitando a todo la personalidad"; y *responsabilidad*, que significa que alguien es empalado de manera rutinaria cuando las utilidades se desploman… y ese alguien puedes ser tú. Si no estás preparado para jugar este juego, puedes estar seguro de que habrá alguien en el mundo dispuesto a hacerlo por una parte de tu salario. Eso es bueno para los clientes y pésimo para los trabajadores, gerentes y la empresa misma.

---

[3] Robert, Townsend, *Up the Organization: How to Stop the Corporation from Stifling People and Strangling Profits*, Michael Joseph, Londres, 1970, p. 9 (La editorial Jossey-Bass publicó una nueva edición en 2007).
[4] *Ibid.*, pp. 10 y 107.
[5] Neologismo ampliamente utilizado en el ámbito de los negocios [N. del T.].
[6] Otro neologismo también usado en el ámbito de la economía y los negocios [N. del T.].

No es de sorprender que la gran mayoría de los gerentes digan que su trabajo resulta abrumador: frenético, estresante, complejo, implacable y desmoralizador. Pero una minoría se las ha arreglado para romper esta tendencia. Son optimistas, confiados, relajados y felices. Mantienen la simplicidad en su trabajo y en sus vidas.

Este libro trata de estos dos tipos de gerentes: quienes siempre están al corriente y los que nunca lo están. Si piensas que caes en la segunda categoría, la buena noticia es que puedes salir de ese esquema para integrarte al exitoso 20 por ciento. Pero antes de continuar, he aquí un breve cuestionario que te ayudará a saber qué tipo de gerente eres. Responde inmediatamente cada pregunta, sin pensarlo demasiado.

Cuestionario. Radiografía del gerente

1. ¿Cuánto tiempo has desempeñado tu trabajo actual?
2. ¿Cuánto tiempo has estado en la organización a la que perteneces?
3. ¿Cuántas horas a la semana trabajas?
4. ¿Haces listas de "pendientes"?
5. ¿Amas tu trabajo? ¿Vas a tu oficina prácticamente bailando de contento?
6. ¿Hay poco tiempo para terminar todo lo que debes hacer?
7. ¿Te han promovido rápidamente en tu carrera?
8. ¿Te agrada tu jefe o jefa? ¿Suele ser útil tu jefe o jefa?
9. La misma pregunta anterior, pero en relación con el jefe de tu jefe.
10. ¿Tienes ideas valiosas sobre tu trabajo, a diferencia de tus colegas?
11. ¿Sueles sentirte estresado o tenso en el trabajo?
12. ¿Piensas en otro empleo o carrera que te gustaría más desempeñar?

13. ¿Hablas con los clientes cada semana o casi?
14. ¿Sigues la sencilla estrategia de trabajar bien para tu área?
15. ¿Tienes un gran mentor o más de uno?
16. ¿Comes regularmente con conocidos que no pertenecen a la firma?

Calificación

Pregunta 1: Si has estado en tu actual empleo menos de dos años, anótate un punto; ninguno, en caso de llevar entre dos y cuatro años y -2 si has estado en el mismo por más de cuatro años.

Pregunta 2: Si has trabajado en tu actual organización menos de cuatro años completos, obtienes un punto; ninguno, si has trabajado ahí entre cuatro y siete años y -2 si has estado ahí por siete años o más.

Pregunta 3: Si trabajas 35 horas o menos, anótate dos puntos; uno, en el caso de trabajar entre 36 y 40 horas; ningún punto si lo haces de 40 a 49 horas y -2 si trabajas 50 horas o más.

Pregunta 4: Dos puntos si respondiste negativamente. Ninguno, si respondiste en sentido afirmativo.

Pregunta 5: Dos puntos si respondiste "Sí" y ninguno si fue "No".

Pregunta 6: Dos puntos si respondiste "No" y ninguno si fue "Sí".

Pregunta 7: Dos puntos si respondiste "Sí" y ninguno si fue "No".

Pregunta 8: Dos puntos si respondiste "Sí" y ninguno si fue "No".

Pregunta 9: Dos puntos si respondiste "Sí" y ninguno si fue "No".

Pregunta 10: Dos puntos si respondiste "Sí" y ninguno si fue "No".

Pregunta 11: Dos puntos si respondiste "No" y ninguno si fue "Sí".

Pregunta 12: Dos puntos si respondiste "No" y ninguno si fue "Sí".

Pregunta 13: Dos puntos si respondiste "Sí" y ninguno si fue "No".

Pregunta 14: Dos puntos si respondiste "Sí" y ninguno si fue "No".

Pregunta 15: Dos puntos si respondiste "Sí" y ninguno si fue "No".

Pregunta 16: Dos puntos si respondiste "Sí" y ninguno si fue "No".

Obtén tu calificación global. Al final del capítulo, regresaremos a este tema para conocer el significado de la puntuación.

Dos maneras de ser gerente

Tal vez te enseñaron la forma usual de ser gerente, o quizá la aprendiste en la práctica, sin guía:

- Trabajas duro, durante muchas horas por lo regular; eres altamente visible y estás disponible casi todo el tiempo.
- Siempre estás atareado y trabajando sin parar.
- Respondes a los requerimientos de jefes y colegas a tiempo y en forma lineal. Por ejemplo: si alguien te manda un correo respondes rápidamente. Esto parece natural y sólo se trata de buenos modales. Sin embargo, tiene la desventaja de aumentar la comunicación interna y consumir más tiempo.
- Puedes pensar en lo que haces y hacerlo a tu manera, pero siempre dentro de las limitantes de las políticas de la empresa, del equipo de trabajo o de la voluntad de tu jefe.

- Hay una regla no escrita en el sentido de que no debes ser muy distinto de tus jefes y colegas en cuanto a estilo o conducta.

En la práctica, esta forma de concebir la gerencia lleva pronto a la saturación. Te retrasas en el trabajo y la verdad nunca estás al corriente. Por lo regular, la tensión se siente más aún cuando se aproximan las vacaciones… y al regresar a la oficina. A veces parece que el trabajo desaprueba tu descanso y determina vengarse de ti.

La otra forma de desempeñar el trabajo gerencial es menos popular, pero no olvidemos que el camino menos transitado suele ser más pacífico. Si eres uno de estos raros gerentes:

- Por lo general inviertes menos horas de trabajo que tus colegas. No es raro que, a veces, trabajes más de lo normal, pero sólo porque disfrutas hacerlo o llegas al clímax de un proyecto específico. Una vez que éste termina, sabes cómo relajarte.
- No eres muy orientado a la acción —y vaya que eso no está de moda. A veces te limitas a sentarte tranquilo ante tu escritorio, sin papel o *gadgets* a la vista. Dedicas mucho tiempo a pensar y hablar con la gente cara a cara. Buena parte de tu tiempo lo pasas fuera de la oficina.
- Te concentras en lo que sale de tu escritorio más que en lo que entra. Tu bandeja de entrada está a reventar. Por más que pones filtros para evitar correos no deseados, tienes muchos sin responder en tu bandeja de entrada. Sin embargo, no sueles sentir la necesidad de responder de inmediato a los correos entrantes o a los mensajes de texto. Los respondes en momentos específicos del día. Cada mañana, trabajas sólo en lo que deseas realizar ese día. No haces otra cosa hasta que la tarea se completó.

- Mantienes la simplicidad en tu trabajo. Evitas o ignoras la actividad trivial que suele estrangular a tus colegas. En principio, trabajas en lo que puede hacerse rápidamente, y que hace grandes diferencias. Y, siempre que te resulta posible, delegas o pasas por alto lo demás.

- No eres conformista, mas sí discreto en ese sentido. Eres un miembro del equipo, accesible y amigable, pero acostumbras decir cosas que sorprenden a tus colegas. Tal vez seas inconsistente. Haces muchas preguntas. Piensas lo impensable. Experimentas. A veces tomas mucho tiempo para llegar a una decisión, pero una vez adoptada te muestras decidido... al menos hasta que cambias de opinión. En otras palabras, haces las cosas a tu manera.

- Te sientes exitoso, ¡aunque puede que tu definición de éxito no coincida con la de los demás!

- En la superficie, te pareces mucho a tus colegas porque no haces ruido en torno a tus diferencias con ellos. Sólo quienes te conocen bien o trabajan estrechamente contigo, saben qué tan inusual eres. La principal diferencia es que sueles estar tranquilo, sin prisas y contento.

De modo que la diferencia entre la mayoría de gerentes y esta última versión alternativa y feliz, ¿es sólo cuestión de temperamento y personalidad?

No es así. Lo que hace la diferencia entre uno y otro es lo que piensan, no lo que sienten.

La segunda versión dispone de un arma secreta que, por cierto, nada tiene de secreta. Estarían felices de compartirla contigo si lo solicitas. Pero casi nadie lo hace.

En suma, ellos comprenden el Principio. Lo usan todos los días, dentro y fuera del trabajo.

¿Pero puede explicarse su éxito, felicidad y falta de estrés a partir de este elemento?

Sí. Veremos por qué en el siguiente capítulo.

Pero antes, retomemos el cuestionario. ¿Eres hoy uno de los gerentes que conforman la mayoría, cansados y saturados de modo constante, o perteneces a la categoría que llamo "gerentes 80/20"? Mientras más alta sea tu puntuación, es más probable que seas parte de esta categoría. La puntuación mínima es -6; la máxima es 30.

Si tu puntuación fue de 25 o más, ya te comportas como el gerente 80/20.

Si obtuviste entre 15 y 24 puntos, aún no eres un gerente 80/20, pero estás en vías de serlo.

Si sacaste menos de 15 puntos (como sucede a casi todos), ¡también es una buena noticia! Sí, en serio. Si estás preparado para cambiar tu forma de concebir el trabajo, serás mucho más eficiente y feliz. ¿Y por qué no desearías que fuera así?

Capítulo dos

El arma secreta

El otro día fui a la librería. Pregunté a
la mujer detrás del mostrador dónde
estaba la sección de autoayuda. Ella respondió:
"Si te lo dijera, echaría a perder todo."
Brian Kiley

Para hacer una buena labor con esas co-
sas que decidimos emprender, debemos eliminar to-
das las oportunidades intrascendentes.
"The Apple Marketing Philosophy", 1977[7]

Corro el riesgo de desilusionar al asistente de ventas que figura en la historia de Brian Kiley, pero te lo voy a decir.

El arma secreta, aquello que cambiará de fondo tu vida gerencial, permitiéndote abordar el trabajo con celeridad y eficacia, es el Principio 80/20.

¿Qué es el Principio 80/20?

Se trata de comprender que un pequeño número de sucesos da lugar a la mayoría de los efectos. Y las consecuencias más numerosas provienen de pocas causas. La gran mayoría de los efectos se

---

[7] Citado en *Steve Jobs*, de Walter Isaacson, Little Brown, Londres, 2011, p. 78. "The Apple Marketing Philosophy" fue escrita por Mike Markkula poco después de que Apple Computer Co. fue oficialmente fusionada.

generan a partir de una minoría de causas. La fuerza del león surge de una pequeña cantidad de esfuerzo y energía.

En cifras: 80 por ciento de consecuencias derivan de 20 por ciento de causas. 80 por ciento de resultados derivan de 20 por ciento de acciones. 80 por ciento de resultados derivan de 20 por ciento de esfuerzo. Generalmente, 20 por ciento de los atletas profesionales obtendrán 80 por ciento —o más— de medallas y trofeos. Usarás 20 por ciento de tu ropa —o menos— en más de 80 por ciento del tiempo. Sólo 20 por ciento de los ladrones se apropiarán de 80 por ciento de un botín. Únicamente 20 por ciento de tus viajes en auto sumarán más de 80 por ciento del kilometraje total. 20 por ciento de tu tiempo generará más de 80 por ciento de resultados útiles. Y 20 por ciento de tus decisiones provocarán 80 por ciento de tus éxitos y de tu felicidad —o lo contrario.

Cuando reunimos datos y ponemos a prueba el Principio 80/20, por lo regular encontramos que la mayoría de los resultados provienen de muy pocas acciones.

Lo sorprendente del Principio es que *muy pocas cosas importan, pero las importantes poseen gran trascendencia.* Eso significa que la mayoría de nosotros no dirige su vida o carrera de modo sensible, porque no reconocemos que muy pocos actos son determinantes. La vida, en especial en el lugar de trabajo, conspira para hacernos perseguir numerosos objetivos irrelevantes que drenan nuestra energía sin darnos lo que en verdad queremos.

El verdadero valor del Principio es que nos ayuda a identificar esas pocas actividades que debemos llevar a cabo para conducirnos a grandes resultados.

Seamos claros: el Principio no es una teoría. Nadie lo soñó. Se llegó a él por medio de la observación, al examinar la relación entre un número de causas, expresadas como porcentaje, y otro de resultados, también expresados como porcentaje. La observación es iluminadora porque encontramos que pocas causas —aproximaciones, métodos, decisiones, sucesos naturales, productos, tecnologías, tipos de personas, tipos de acción, o recursos— llevan a resultados fuera de toda proporción respecto al número de causas o el esfuerzo invertido.

El Principio nos permite concentrarnos en causas útiles, desechando inútiles o triviales que hacen ruido pero sólo llevan a situaciones confusas. No importa si lo reconocemos o no: *todo* el progreso (desde la evolución por medio de la selección natural hasta la última versión del iPad) proviene de experimentos conscientes o inconscientes donde pocos sucesos inmensamente productivos triunfan a costa de todo lo demás. Estar al tanto del Principio nos permite simular, multiplicar y acelerar las cosas que deseamos que sucedan.

Por ejemplo, como explicó Walter Isaacson en la brillante biografía del fundador de Apple, Steve Jobs a menudo se concentraba en pocos productos y características esenciales —las pocas características utilizadas la mayor parte del tiempo— e ignoraba todo lo demás.[8] En 1997, cuando Jobs fue reinstalado como jefe de Apple, la compañía estaba cerca de la insolvencia, con un flujo de efectivo que bastaba para operar sólo cinco semanas.[9] Jobs "comenzó a desechar modelos y productos. Pronto había descartado 70 por ciento de ellos. 'Ustedes son gente brillante', dijo a un grupo de trabajo. 'No deben perder el tiempo en productos basura'".[10] Y así Apple abandonó todos sus productos no esenciales, incluyendo impresoras, servidores y el asistente personal digital Newton, con su imperfecto sistema de reconocimiento de letras. Al concentrarse en 30 por ciento de los productos que generaban ingresos y restar 70 por ciento de los que lo drenaban, Jobs salvó la empresa.

---

[8] *Ibid.* En la "Filosofía de mercadeo", el "foco" es el segundo de tres puntos. Los otros dos son la "empatía" (con el cliente) y la "imputación", que es la impresión que la gente obtiene de una compañía o producto a partir de las señales que manda.

[9] El autor refiere una versión popular, pero aparentemente falsa. Jay Elliot, vicepresidente de Recursos Humanos de Apple, que trabajó con Steve Jobs durante décadas, desmiente categóricamente esta versión en su obra *Dirigir Apple con Steve Jobs*, publicada también por el sello Aguilar. Jay afirma que las reservas de Apple rondaban los mil millones de dólares cuando Steve Jobs fue reinstalado como presidente y director general de Apple [N. del T.].

[10] *Ibid.*, p. 337.

Una vez identificados los productos esenciales, Jobs se dispuso a aplicar el Principio a las características de los productos. Por ejemplo: ¿por qué fue un éxito tan grande el iPod? La respuesta es sencilla:

> Apple estudió los reproductores de mp3 y llegó a identificar 20 por ciento de las características que 80 por ciento de los usuarios utilizaban en realidad, y después se las arregló para implementar esas características mejor que nadie... Al eliminar gran cantidad de características inutilizadas y concentrarse en mejorar las que se utilizaban, Apple fabricó un reproductor de mp3 que superó a la competencia y que, hasta el día de hoy, es líder intocable en un segmento enorme del mercado.[11]

Cuando Apple introdujo el iPhone, muchos comentaristas del producto lo consideraron malo por carecer de muchas características que Blackberry presumía, como el teclado físico. Pero esa era la idea, justamente. Cuando se consideró por primera vez la idea de un teléfono Apple, Jobs dijo: "Nos sentamos a hablar de lo mucho que odiábamos nuestros teléfonos. Eran demasiado complicados. Tenían características que nadie comprendía, incluida la agenda. Se trataba de algo bizantino."[12] En contraste, el iPhone se concentró en 20 por ciento de las características que todos utilizaban, más de 80 por ciento del tiempo, logrando que fueran divertidas y fáciles de usar, presentándolas en un producto que era más delgado y ligero que cualquier otro teléfono de la competencia.

Incluso así, muchos críticos aventuraron que el iPhone sería un desastre debido a su costo de 500 dólares. "Se trata del teléfono más caro del mundo", dijo el director general de Microsoft, Steve Ballmer, en el canal CNBC, "y no atrae a los clientes

---

[11] "Apple's Strategy with Final Cut Pro X", en http:macintopics.com/2011/09/31/apple/final-cut-pro/apples-strategy-with-final-cut-pro-x, 31 de agosto de 2011, consultado el 23 de enero de 2012.

[12] Isaacson, *op. cit.*, p. 466.

corporativos por no tener teclado".[13] Hasta cierto punto, las reservas de Ballmer estaban determinadas por las cifras de ventas: al término de 2011 se habían vendido cerca de 100 millones de iPhones, dando a Apple sólo 4 por ciento del mercado global de teléfonos celulares. No obstante, al vender ese número relativamente bajo de productos a un precio relativamente alto, Apple obtuvo ganancias equivalentes a más de 50 por ciento de las utilidades totales de los fabricantes de teléfonos celulares (un patrón 4/50).[14]

El Principio funciona no sólo en el caso de los productos y sus características, sino respecto a clientes, actividades, tiempo que estamos en el trabajo y fuera de éste, e incluso a salud y felicidad. Por ejemplo, pregúntate qué amistad valoras más, la de los amigos que probablemente son pocos —ciertamente menos de 20 por ciento del total—, pero contribuyen a la mayor parte de la felicidad y el significado de tu vida, o la de los demás. No obstante, lo triste es que la mayor parte de nosotros pasamos mucho más tiempo con amigos, vecinos y conocidos que resultan marginales, si se les compara con las pocas personas que sí trascienden. De manera semejante, si preguntas a alguien sobre las molestias que hacen miserable su vida, es muy posible que obtengas una lista muy breve de factores. ¿No es triste que no actuemos de modo decidido para librarnos de los pocos motivos de infelicidad?

Cuando identificamos las pocas cuestiones vitales que nos hacen felices y son útiles, el Principio nos permite reproducir, multiplicar y acelerar la llegada de lo que deseamos ocurra. Y nos muestra cómo eliminar la mayor parte del ruido que nos hace correr en círculos.

---

[13] *Ibid.*, p. 474.
[14] Ventas del iPhone: "iPhone", Wikipedia, consultado el 2 de febrero de 2012; "iPhone profits compared to all cellphone sales": Isaacson, *op. cit.*, p. 474.

Los orígenes del Principio

La idea —aunque no la etiqueta "80/20"— proviene de un economista italiano que trabajaba en la Universidad de Lausana, a fines del siglo XIX. El profesor Wilfredo Pareto estudiaba los patrones de riqueza en Inglaterra. Al analizar los datos descubrió que mostraban casi el mismo patrón de distribución desigual. No importaba si analizaba estadísticas de los siglos XVI, XIX o de cualquier otro: una pequeña parte de la población siempre disfrutó de gran parte de la riqueza total. Luego, Pareto puso a prueba sus observaciones al analizar los datos de distintos países, y se maravilló al descubrir que Italia, Suiza y Alemania habían seguido un patrón casi idéntico. Con los datos acumulados elaboró gráficas y diseñó una ecuación algebraica que, según descubrió, podía aplicarse a la distribución de la riqueza en cualquier lugar y época de la historia.

Las gráficas y ecuaciones funcionan todavía en nuestros días para abordar el tema de la distribución de la riqueza, pero pueden también aplicarse a muchas otras áreas: la incidencia de los terremotos o los asteroides en relación con su magnitud; el orden de las ciudades en relación con sus poblaciones; el número de matrimonios respecto a las zonas en que viven el novio y la novia; el número de clientes y productos en cuanto a las utilidades que generan; e incontables conexiones más, tanto naturales como sociales. En cuanto a resultados, pocas causas y acontecimientos muy poderosos (los clientes más rentables, por ejemplo, o un gran terremoto) hacen palidecer al resto.

La obra de Pareto era puramente descriptiva. Se limitó a observar datos que los investigadores habían generado y registrado con el paso de los siglos, e identificó un patrón. Sea como sea, no podía explicarlo. De hecho, nadie ha dado una explicación satisfactoria del porqué el Principio mantiene su validez en cuanto a fenómenos, países y épocas tan diferentes. Parece que así son las cosas y ya, pero mientras más se piensa en ello, más extrañeza ocasiona. Contradice las expectativas.

Lo que en verdad me fascina sobre el Principio es su asimetría, su desequilibrio. En la mayor parte de las áreas importantes de la vida, *un pequeño número de sucesos tiene un efecto desproporcionadamente grande.* Unas cuantas personas acumulan la mayoría de la riqueza. Unas cuantas causas explican los resultados más importantes. La mayor parte de la gente permanece silenciosa, sin ser escuchada. La minoría goza de la mayor parte de la música.

Gracias a la investigación de Pareto, este desequilibrio es hoy por entero predecible, aunque casi siempre de modo inesperado. Y precisamente, dado que el desequilibrio contradice a la intuición porque no lo esperamos, resulta tan valioso tenerlo en mente. Al darnos cuenta de lo desigual que es el mundo, podemos sacar ventaja de los hechos. Por ejemplo, si encontramos que pocos clientes generan la mayor parte de nuestras utilidades, debemos concentrarnos en su trato, procurando aumentar sus compras, dando mejor servicio y creando nuevos productos que pueden gustarles. Si nos encontramos con que la mayoría de nuestros clientes son poco rentables, podemos bajar los costos cortando el servicio que les proveemos; y podemos aumentar sus precios con la seguridad de que, si llevan su negocio a otra parte, resultará bueno para nosotros. Ese tipo de remedios suelen contradecir los principios gerenciales, pero incluso así el Principio nos da confianza para emprender cambios por mucho tiempo postergados.

Twitter es un buen ejemplo de la falta de equilibrio en el mundo. Se trata de un fenómeno de la red. Cuando se anunció, la noche del 1 de mayo de 2011, que el presidente Obama haría una declaración no programada desde la Casa Blanca, fueron los usuarios de Twitter los primeros en intuir que habían matado a Osama Bin Laden. A las 22:24, tiempo del Este, más de una hora antes de la transmisión, Keith Urbahn, jefe de colaboradores en la oficina de Donald Rumsfeld, tuiteó: "Me dice una fuente confiable que han matado a Osama Bin Laden. Diablos." 60 segundos después, Brian Stelter, reportero del *New York Times*, había retuiteado el mensaje a sus seguidores —más de 50 mil personas. En pocos minutos, la noticia corrió hasta ser de dominio público una media hora antes del anuncio oficial. Sólo cinco personas fueron responsables de eso —Urbahn, Stelter y otros tres tuiteros con gran cantidad de seguidores.[15] Esta historia ilustra la importancia que tienen pocos para dar a conocer noticias y opiniones a muchos.

En marzo de 2011, Twitter tenía unos 175 millones de usuarios registrados, y el *Silicon Valley Insider* publicó la siguiente gráfica tipo Pareto para indicar el uso que se daba al servicio:

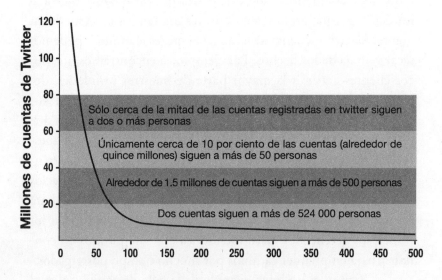

Número de personas a las que se sigue

Fuente: Twitter API

---

[15] "Breaking Bin Laden: Visualizing the Power of a Single Tweet", socialflow.com, 6 de mayo de 2011, http://blog.socialflow.com/post/5246404319/breaking-bin-laden-visualizing-the-power-of-a-single, consultado el 28 de septiembre de 2012.

Queda claro que el número de personas que sigue a otros tuiteros cae de manera dramática cada vez que se aumenta el umbral. Sólo 9 por ciento de las cuentas de Twitter —quince millones de personas, según datos de 2011— siguieron a más de 50 tuiteros, con otro millón y medio —menos de 1 por ciento de los usuarios— que seguían a más de mil. Esto significa que cerca de 10 por ciento de usuarios intensivos representaron 85 por ciento del total de personas seguidas.[16]

Considera también las ventas de los 20 libros nominados al premio británico Orange para ficción en 2011. El total de ventas registradas al 24 de marzo de 2011 es de 354 mil. Pero sólo un libro, *Room*, de Emma Donoghue, inspirado en el caso de Joseph Fritzl, contribuyó con 318 055 libros de esas ventas: 89.8 por ciento del total. Dado que un libro entre 20 (5 por ciento del total) vendió 90 por ciento del total, llamamos a ésta la relación 90/5.[17] Sin embargo, los jueces dieron el premio a Téa Obreht, una autora servoestadounidense de 25 años que escribía su primera novela, *The Tiger's Wife*. Al momento de escribir estas líneas, el libro de Obreht tenía un lugar alto en las listas de ventas de Amazon —en el número 35—, pero seguía siendo ampliamente superada en ventas por *Room*, que ocupaba el lugar número 13. En octubre de 2012, *Room* superó a *The Tiger's Wife* en una relación mayor de 3 a 1 —las ventas de *Room* llegaron a 544 581 ejemplares, en tanto que las de *The Tiger's Wife* alcanzaron 167 501 ejemplares.

Acabo de revisar los datos para saber si existe algo semejante al patrón 80/20 en la venta de mis libros. No me sorprende confirmar que sí: de los 20 títulos que he escrito, como autor o

---

[16] *Silicon Valley Insider*, 31 de marzo de 2011, se suma al análisis del autor. Se considera que quienes siguen a entre 2 y 50 personas siguieron a 10, en promedio; los que siguieron a entre 51 y 500 personas, siguieron a 150 en promedio; y los que siguieron a entre 501 y 524 000 personas, siguieron a 100, en promedio. El cálculo no cambia mucho si se asumen cantidades distintas. Hago notar que, en el momento de redactar estas líneas (octubre de 2012), el número de usuarios registrados en Twitter ha superado los 500 millones, pero la curva de la gráfica es exactamente igual cuando los números se cambian para reflejar este cambio en el número de usuarios.

[17] Datos obtenidos en Nielsen Bookscan Data, consultados el 24 de marzo de 2011.

en coautoría, los cuatro mejor vendidos —20 por ciento— comprenden 86 por ciento de las ventas totales.

Otro resultado asombroso surgió cuando ordené 263 ciudades inglesas de acuerdo con su población, comenzando por Londres. Luego sumé las poblaciones de 20 por ciento que más gente tenía, las 53 más grandes. Éstas tenían en su conjunto 25 793 036 habitantes, en tanto que las 263 sumaban 32 332 808. 25.8 millones es 79.8 por ciento de 32.3 millones, ¡de modo que 20 por ciento de las ciudades con más población comprenden casi exactamente 80 por ciento de la población![18]

La bolsa de valores nos brinda otro ejemplo del desequilibrio en acción. Al momento de redactar este libro, el último dato disponible era el correspondiente al cuarto trimestre de 2011, cuando las 10 principales acciones del Standard & Poor representaban un impresionante 92 por ciento de todas las ganancias, en tanto que las otras 490 empresas contribuyeron solamente con 8 por ciento. Entre 500 empresas, sólo 10 —2 por ciento— dieron nueve décimas partes de las ganancias: una relación de 92/2. Aunque no es usual ver una concentración tan extrema de ganancias trimestrales, si analizamos los últimos 20 años de actividad bursátil, más de 100 por ciento de las ganancias del S&P han provenido exactamente de esa mínima proporción del total (las primeras 10 empresas). El índice general ha tenido un robusto crecimiento de entre 7 y 10 por ciento al año durante las últimas dos décadas. Sin embargo, si se excluyen las 10 acciones principales, las restantes 490 firmas han decrecido un promedio de 3.3 por ciento durante el mismo periodo.

A esto me refiero cuando digo que los negocios se determinan por los extremos, no por los promedios. Sin las primeras 10 empresas, el mercado accionario estadounidense se habría hundido como una piedra en el agua.

---

[18] Datos obtenidos del censo realizado el 21 de abril de 1991, consultados en http://www.citypopulation.de

Los principios 50/5, 20/1 y 50/1

El desequilibrio entre las *pocas fuerzas vitales* y las *muchas triviales* opera en cualquier comparación de causas y resultados, aunque las proporciones exactas varían según el caso. La proporción establecida hasta ahora es de 80/20, pero también es igualmente probable que 5 por ciento de las causas generen 50 por ciento de los resultados, o que el principal 1 por ciento de las causas de enorme potencia generen 20 por ciento de los resultados trascendentes.

Volvamos a Twitter. Cuatro investigadores, incluyendo al muy conocido teórico de la red, Duncan J. Watts, escribieron en 2011 un artículo titulado "Who Says What to Whom on Twitter"[19], descubrieron que sólo 20 mil tuiteros de élite —menos de 0.05 por ciento del total de usuarios registrados— atraían casi 50 por ciento de toda la atención en Twitter. ¡En números redondos, estamos ante una relación de 50/0![20]

¿Puedes adivinar qué proporción de los libros publicados implica 50 por ciento del total de las ventas? ¿O qué proporción de las empresas suman la mitad del valor total de todos los negocios? ¿O qué porcentaje de las drogas legales suman la mitad de las ventas mundiales?

La mayoría de las personas piensa que entre 5 y 20 por ciento de libros, empresas o medicamentos representan la mitad del valor total de sus respectivos mercados. No obstante, la respuesta correcta que nos dan Nassim N. Taleb y otros colegas en el número de octubre de 2009 del *Harvard Business Review*, indica que en todos los casos el resultado es menor a 1 por ciento: "Menos de 0.25 por ciento de todas las empresas del mundo representan cerca de la mitad de la capitalización de mercado; menos de 0.2 por ciento de los libros dan cuenta de casi el total de las ventas,

---

[19] "Quién dice qué y a quién en Twitter" [N. del T.].
[20] Shaomei Wu, Jake M. Hofman, Winter A. Mason y Duncan J. Watts, "Who Says What to Whom on Twitter", investigación de Yahoo, 2011, http://research.yahoo.com/node/3386, consultado el 28 de septiembre de 2012.

y menos de 0.1 por ciento de las drogas legales generan poco más de la mitad de las ventas de la industria farmacéutica."[21]

Si analizamos el crecimiento del ingreso en Estados Unidos, según lo reportaba la Oficina Presupuestaria del Congreso en octubre de 2011, encontramos que hay una tendencia social aún más extrema y preocupante. De 1983 a 2011, tras ajustar los cálculos por inflación, los ingresos estadounidenses crecieron 62 por ciento, un incremento muy alto en términos históricos. Sin embargo, la mayoría de los estadounidenses no sienten la mejoría. La razón de ello es simple: resulta que 20 por ciento de los ciudadanos estadounidenses peor pagados disfrutó de un incremento de sólo 18 por ciento a lo largo de esos veintiocho años, en tanto que el 1 por ciento más rico vio crecer sus ingresos en un impresionante 275 por ciento. Bastante más de la mitad del incremento total de las ganancias lo acaparó el 1 por ciento de la población.[22]

En otro ejemplo, el historiador Niall Ferguson llama la atención sobre la destacada influencia intelectual de los judíos en Estados Unidos:

> El papel de los judíos en la vida intelectual de Occidente en el siglo xx —especialmente en Estados Unidos— fue desproporcionado… Constituyendo 0.2 por ciento de la población mundial y 2 por ciento de la población estadounidense, los judíos ganaron 22 por ciento de todos los premios Nobel, 20 por ciento de las medallas Field en el campo de las matemáticas y 67 por ciento de las medallas John Clarcke Bates para economistas menores de 40 años. Los judíos también obtuvieron 38 por ciento de los premios Oscar para Mejor Director, 20 por ciento de los

---

[21] Taleb, Nassim N., Daniel G. Goldstein y Mark W. Spitznagel, "The Six Mistakes Executives Make in Risk Management", *Harvard Business Review*, octubre de 2009, p. 79.

[22] "The Wealth Gap —Inequality in Numbers", 17 de enero de 2012, http://www.bbc.co.uk/news/business-1654898, pp. 1-2.

premios Pulitzer para no ficción y 13 por ciento de los Reconocimientos a la Labor Vitalicia de los Grammy.[23]

Existen muchos otros ejemplos de minorías que ejercen influencia desproporcionada en relación con sus modestos números:

- En 1999, dos investigadores de la corporación Xerox descubrieron que 5 por ciento de los sitios web sumaban 75 por ciento de todo el tráfico de Internet; 7 por ciento de los sitios tienen 80 por ciento de tráfico, y sólo 119 sitios web (mucho menos de 1 por ciento del total) concentra un impactante 32 por ciento de los visitantes totales.[24] Y desde entonces la red ha seguido ese patrón de concentración. Sólo piensa en el ascenso incesante de Yahoo y Google, ambos sitios millones de veces más conectados que tu sitio web o el mío.
- Sólo 1.5 por ciento de las lenguas del mundo son habladas por 90 por ciento de las personas.
- Un estudio sobre 300 películas estrenadas durante 18 meses, encontró que cuatro de ellas —1.3 por ciento— fueron responsables de 80 por ciento de los ingresos de taquilla.[25]
- En el discurso cotidiano, menos de 1 por ciento de las palabras se utilizan 80 por ciento del tiempo.
- El delicioso Bill Bryson nos dice que existen 30 mil especies vegetales comestibles en nuestro planeta. Sin embargo, sólo 11 de ellas suman 93 por ciento de todo lo que comemos —lo que nos da una proporción redondeada de 93/0 (dado que 11 es 0.04 por ciento de 30 mil). ¿Puedes

---

[23] Niall, Ferguson, *Civilization: The West and the Rest*, Allen Lane, Londres, 2011, p. 235.
[24] *New York Times*, 21 de junio de 1999. Los investigadores fueron Bernardo Huberman y Lada Adamic.
[25] "Chaos Theory Explodes Hollywood Hype", *Independent on Sunday*, Londres, 30 de marzo de 1997.

nombrar esas 11 plantas? Yo mencioné papas, trigo, maíz, arroz, frijoles y cebada.[26]

- El escritor de novelas de suspenso David Baldacci dice que 3 por ciento de los códigos postales de Washington D. C. aportan más de 70 por ciento de los crímenes violentos en la ciudad.[27]

¿Y qué decir de la "larga cola"?

En 2006, Chris Anderson propuso dos nuevas ideas en su influyente libro *The Long Tail:*[28]

- Internet permite que las películas menos populares, la música menos escuchada y los libros menos vendidos, además de otros artículos, den ganancias, un nuevo fenómeno cultural. Por supuesto, dice, siempre tendremos los grandes éxitos, pero los bajos costos de inventario de Internet permiten una "larga cola" de artículos oscuros, o para especialistas, que se venden para satisfacer una demanda que antes no se atendía. La tienda de discos más grande del mundo tiene unos 15 mil álbumes, pero Amazon ofrece 250 mil, en tanto que iTunes dispone de una lista de millones de pistas individuales para ser descargadas.
- Más aún, Anderson afirma que la "larga cola" será más gruesa, puesto que los artículos sin ventas espectaculares comprenderán cada vez más una mayor proporción de la actividad. Sugiere que el mercado masivo se fragmentará en diversos mercados de nicho, como ha pasado con

[26] Bill, Bryson, *At Home: A Short History of Private Life,* Doubleday, Londres, 2010, pp. 41-42. Las otras cinco plantas son tapioca, sorgo, mijo, centeno y avena.

[27] David, Baldacci, *Deliver Us From Evil,* Hachette, Nueva York, 2010, p. 416.

[28] Chris, Anderson, *The Long Tail: Why the Future of Business is Selling Less of More,* Random House, Nueva York, 2006. La traducción del título sería "La cola larga", el motivo principal de este fragmento [N. del T.].

la televisión. Si sucede, el dominio de los éxitos comerciales disminuirá... y el Principio perderá efecto.

La gran virtud de la tesis de Anderson consiste en que puede ponerse a prueba. Desde que su libro se publicó, cierto número de estudios se han dado a la tarea no sólo de estudiar la rentabilidad relativa de los éxitos (la cabeza de distribución) y los no éxitos (la larga cola), sino también la forma en que el equilibrio entre ambas ha cambiado con el paso del tiempo.

Para un artículo titulado "Should You Invest in the Long Tail?"[29], que apareció en el número de julio-agosto de 2008 del *Harvard Business Review*, la investigadora Anita Elberse analizó datos obtenidos de Rhapsody, un sitio web que cobra una tarifa fija mensual para tener acceso en línea a más de un millón de piezas musicales. El 10 por ciento más solicitado de las canciones comprendía 78 por ciento del total reproducido (un patrón 78/10), en tanto que el 1 por ciento más solicitado equivalía a 32 por ciento de todas las reproducciones (32/1). Al analizar los datos obtenidos por Nielsen SoundScan sobre ventas totales de música, tanto en forma física como en formato digital, acaecidas entre enero de 2005 y abril de 2007, Elberse descubrió un periodo de cambio rápido en que las unidades vendidas en línea pasaron de constituir una tercera parte a dos terceras partes del total. Era obvio que la cola se hacía mucho más larga, conforme Internet permitía que los clientes compraran piezas de artistas poco conocidos, como el saxofonista de jazz Kirk Whalum y el grupo independiente de rock Dears. Elberse escribió: "La concentración de venta de canciones en formato digital es más fuerte de modo significativo que las ventas de discos físicos... Conforme crece la proporción de unidades digitales mes a mes, también crece el grado de concentración en ventas. De nuevo, la cola se alarga pero

---

[29] "¿Debes invertir en la larga cola?" [N. del T.].

se aplana... un grupo aún más pequeño de títulos más vendidos sigue abarcando gran parte de la demanda general."[30]

Elberse también analizó las rentas de DVD usando datos de Quickflix, proveedor australiano. Una vez más, la primera mitad de la tesis de Anderson probó estar en lo correcto: entre los años 2000 y 2005, el número de títulos en DVD rentados, sólo una o dos veces a la semana casi se duplicó.

> Sin embargo, en el mismo periodo, el número de títulos que no obtuvo venta alguna en una semana determinada se cuadruplicó. Así, la cola representa un número de títulos que se venden muy rara vez o nunca y se incrementa rápidamente. En lugar de engrosar la cola, ésta se torna mucho más larga y plana... Más aún, nuestra investigación demostró que el éxito se concentra cada vez en menos títulos de gran venta, constituyendo la parte alta de la curva de distribución. Entre 2000 y 2005, el número de títulos que constituye 10 por ciento de mayor venta semanal, cayó más de 50 por ciento, un incremento en la concentración común en los mercados en que el ganador se lleva todo.[31]

Así que, lejos de rebatir el Principio, como Anderson esperaba, el análisis de la larga cola demostró una vez más que la acción importante sigue teniendo lugar en la parte alta de la curva de distribución. Es grandioso que exista una larga cola, pero le sirve tan poco al gerente de hoy, como le serviría a los dinosaurios.

También es interesante descubrir que las tendencias 80/20 son casi siempre más fuertes en línea que fuera de línea. Conforme sigue creciendo la participación en el mercado de la red, sería de esperarse que la proporción pasara a ser de 90/10,

---

[30] Anita Elberse, "Should You Invest in the Long Tail?", *Harvard Business Review*, julio-agosto de 2008, pp. 88-96. La cita aparece en la p. 92.

[31] *Ibid.*, p. 92.

95/5 o incluso 99/1. No sorprende que Eric Schmidt, presidente ejecutivo de Google, comprenda este fenómeno a la perfección:

> Me gustaría afirmar que Internet ha creado un campo de juego tan equilibrado que la cola larga constituye el lugar ideal para estar… Por desgracia, no es el caso.
>
> Sucede algo que llamamos ley de poder… un pequeño número de cosas están muy concentradas y la mayoría de las sobrantes implica un volumen relativamente pequeño. Prácticamente todos los nuevos mercados de la red siguen esta ley. Así que, en tanto que la cola sea muy interesante, la gran mayoría de las utilidades siguen proviniendo de la cabeza…
>
> Y, de hecho, es probable que Internet lleve a un número mayor de éxitos importantes y a una mayor concentración de marcas. Esto, de nuevo, no tiene sentido para la mayoría de la gente, porque se trata de un medio de distribución más grande, pero incluso cuando todos están juntos, gustan de tener una superestrella. Ya no se trata de una superestrella estadounidense sino de una superestrella global.[32]

¿Por qué los gerentes se interesan en el Principio?

El Principio contradice nuestras expectativas. Tenemos la idea en apariencia razonable de que los muchos son más importantes que los pocos. El asunto es que, en términos de resultados, eso casi nunca es verdad.

En el mundo actual, estamos sintonizados con la longitud de onda 50/50, no con la 80/20. Esperamos que el mundo sea equilibrado. Esperamos que 50 por ciento de las causas lleven a 50 por ciento de los resultados. Esperamos que todos los sucesos

---

[32] Entrevista con Eric Schmidt para *McKinsey Quarterly*, septiembre de 2008.

y todas las causas tengan la misma importancia, relativamente hablando. Ya sea que nos percatemos de ello o no, tal es nuestra mentalidad universal, nuestra principal suposición. Pero ésta presenta fallas graves.

En ningún ámbito resulta esto más obvio que en el de los negocios. Una de las suposiciones más ridículas, idiotas y, sin embargo, más duraderas en el mundo de los negocios es que *todas* las ventas son buenas, *toda* utilidad es valiosa y todas las fuentes de ingresos tienen casi la misma importancia. No es así.

El engaño de que todo ingreso es bueno lleva a los errores más palpables y absurdos en el mundo de los negocios. Provoca que se desperdicie una enorme cantidad de dinero y energía al perseguir clientes completamente inadecuados, por lo regular los más pequeños y menos sofisticados: nueve de cada 10 veces, los nuevos clientes nada harán por aumentar las ganancias. Esta idea también lleva a emprender adquisiciones costosas y, a veces, fatales. Piensa en la compra de AOL[33] por Time Warner, realizada en 2000. La operación tuvo un costo de 164 mil millones de dólares. Bob Pitman, presidente de AOL, justificó el gasto diciendo: "Sólo se requiere poner un catalizador [a Time Warner] y, en un corto periodo, la tasa de crecimiento será parecida a la de una empresa de Internet." Si hablaba del crecimiento de las pérdidas, tenía toda la razón. Dos años más tarde, AOL/Time Warner tuvo una pérdida de 99 mil millones de dólares, y el valor total de AOL cayó desde los 226 mil millones a menos de una décima parte de dicha cantidad.

La misma idea equivocada lleva a ampliar las líneas hacia nuevos productos poco atractivos entre los clientes leales a la firma, o hacia productos que no convienen a los canales de distribución ni al posicionamiento de marca. Piensa en los desastrosos intentos de Coca-Cola por vender jugos de frutas y bebidas saludables. Esta idea también suele conducir a aventuras en mercados extranjeros en que las condiciones y los rivales son diferentes,

---

[33] América Online [N. del T.].

en que los competidores locales disfrutan de numerosas ventajas ocultas. Piensa en el respetado vendedor británico al menudeo, Marks & Spencer, y su insensata entrada al mercado estadounidense, que incluyó la carísima adquisición de Brooks Brothers y los supermercados Kings, así como los fracasos en Canadá, Francia y Afganistán (entre todos los lugares).

La suposición de que todas las ventas son buenas lleva a un crecimiento sin utilidades. Los gerentes despistados dan casi la misma importancia a los clientes nuevos, desapegados y quejumbrosos (quienes compran poco exigen precios imposiblemente bajos y desmoralizan a los empleados y a otros clientes), que a los leales y entusiastas (que pagan sin chistar, recomendando los productos a sus amigos, mejorando la moral de los empleados de la compañía).

¿Por qué cometen estos errores hasta gerentes confiables?

Porque piensan que el mundo guarda una proporción de 50/50. Piensan que los resultados provienen de causas lineales y más o menos equitativas. Piensan que todos los ingresos llevan a tener utilidades. Piensan en términos de *promedios*.

No entienden que el mundo en realidad guarda una proporción de 80/20. Un cliente no es tan bueno como el otro. Un segmento de negocio o producto no tiene por qué ser tan bueno como otro. Un dólar de venta no vale tanto como el siguiente.

Es probable que sólo una quinta parte de los clientes sean responsables de cuatro quintas partes del valor de la empresa, lo que significa que las otras cuatro quintas partes valen una quinta parte de la operación. Si hacemos números, comprenderemos que un cliente importante vale 16 veces lo que un cliente común. Es una cifra extraordinaria, así que no debe sorprendernos que resulte difícil de creer para mucha gente, ni que nos neguemos a actuar en consecuencia. Pero es verdad. Y este factor de 16 surge también en muchos otros aspectos del mundo 80/20.

Digamos, por ejemplo, que 100 de tus empleados fabrican 100 unidades de cierto producto. Bien, de acuerdo con nuestra referencia, sólo 20 de ellos serán probablemente responsables por 80 de esas unidades. Entonces, en promedio, cada uno de estos superempleados crea cuatro unidades. Entretanto, los otros 80 empleados crean sólo 20 unidades en conjunto. En promedio, cada uno de estos empleados de bajo desempeño crea sólo un cuarto de unidad.

Así que se requieren 16 (16 x 0.25 = 4) de estos empleados de bajo rendimiento para crear el mismo número de productos que un empleado estrella. Los superempleados son 16 veces más productivos que los otros. Estamos ante el novedoso principio de los 16 tantos.

Para que una actividad pase del nivel de bajo cumplimiento al superior de cumplimiento óptimo, se debe mejorar 16 veces. Por supuesto, eso sólo es cierto si el desequilibrio es sólo de 80/20, lo cual es poco probable. Pero una mejoría de entre 10 y 20 veces, o mejor, es casi siempre factible.

De hecho, mi propia investigación indica que el 80/20 puede subestimar el grado de desequilibrio. En un caso reciente, los datos demuestran que 116 por ciento de las ganancias de una firma pueden provenir de 18 por ciento de sus clientes. El resto, como grupo, suele ser fuente de pérdidas. Otros estudios realizados para los principales bancos de Estados Unidos han obtenido resultados muy semejantes. El resultado del Royal Bank Of Canada, con base en Toronto, demostró que 17 por ciento de los clientes produjeron 93 por ciento de las ganancias de la compañía. En los demás casos se concluyó que entre 15 y 25 por ciento de los clientes daban entre 80 y 95 por ciento de las ganancias.[34]

Sólo 12 por ciento de los hogares estadounidenses usan programas para la administración de las finanzas personales. Sin embargo, esos pocos hogares generan 75 por ciento de las ganancias obtenidas por los bancos de Estados Unidos.

---

[34] Richard Koch *Living the 80/20 Way: Work Less, Worry Less, Succeed More, Enjoy More*, Nicholas Brealey, Londres, 2004, p. 13.

El valor de pensar 80/20 consiste en que esto puede cambiar tu mentalidad, pasando de tener una forma de ver el mundo ampliamente aceptada aunque errónea, a otra difícil de creer, pero infinitamente más precisa. El pensamiento 50/50 es el equivalente moderno de los mapas que Cristóbal Colón y otros exploradores usaron en el siglo XIV. El pensamiento 80/20 es como Google Earth. Muestra una imagen verdadera con claridad extraordinaria. El Principio muestra una nueva ventana al mundo: difícil de aceptar y comprender pero nos da una visión particular que mejora radicalmente nuestra eficiencia.

¿Puedes imaginar cómo sería el trabajo si siempre tomaras decisiones 80/20?

Nunca estarías corto de tiempo. Tratarías únicamente los asuntos más importantes e interesantes. Harías que tu negocio fuera mucho más eficiente y rentable. Podrías decir a tus colegas cómo hacer el trabajo más sencillo y divertido. Identificarías a tus mejores clientes y sabrías hacerlos más felices que nunca. Apreciarías las verdaderas fortalezas del negocio, esas cosas raras e invaluables que dan ventaja sobre los competidores.

Imagina la calma y la tranquila seguridad que disfrutarías si, cada día, llegaras a la esencia de todo asunto para identificar los pocos elementos cruciales que en verdad importan. Imagina cómo sería tener la confianza de no desperdiciar el tiempo en todas esas tareas arduas que no son importantes.

El Principio es tu pasaporte a este paraíso laboral. La Segunda parte explica cómo ponerlo en práctica.

La respuesta:
Diez vías para convertirte
en un gerente 80/20

Ahora viene la parte práctica.

No te dejes impresionar porque existan 10 formas para lograrlo. Piensa en ellas como si se tratara de un menú: puedes elegir, ya que no se trata de una lista de habilidades que debas perfeccionar. El dominio de una sola de estas vías —lo cual no es difícil— podría hacer toda la diferencia para ti. Una comida de un solo platillo puede ser más que suficiente.

La verdad profunda contenida en el Principio 80/20 es que existen múltiples rutas para llegar a los resultados y al éxito. No requieres equilibrio. De hecho, siendo brillante en una de estas vías irás muchísimo más lejos que siendo competente en todas ellas.

Por tanto, siéntete libre de adentrarte en el libro como consideres apropiado. Yo recomendaría elegir la manera que te resulte más atractiva para luego trabajar en ella. Verás resultados muy pronto, pero no olvides que cada camino es bastante profundo, por lo que puedes seguir perfeccionándolo durante seis meses, un año, o incluso una década.

Cada manera propuesta ofrece una gran recompensa equivalente al esfuerzo en lograrlo. De modo que puedes elegir ser excelente en una, para luego hacerlo con otra... y luego tal vez en otra más. Podrías decidir perfeccionar dos o tres vías. O puedes perfeccionar todo el portafolio de habilidades a lo largo de los años.

Otra opción consiste en ser ecléctico, es decir, combinar las técnicas particulares más atractivas, construyendo tu propia mezcla única de habilidades para alcanzar con bajo esfuerzo los altos resultados gerenciales.

Todo depende de ti.

Para hablar con franqueza, debo decir que ciertas técnicas son más fáciles que otras. He puesto las más sencillas al principio y las más difíciles al final. Por supuesto, puedes descubrir que tienes afinidad natural por alguna de las más difíciles, en tal caso debes trabajar en ésta.

Recuerda que no se trata de una prueba. Tienes tiempo de sobra. Tómalo con calma y no te sorprendas si sigues perfeccionando estas técnicas dentro de 10 años. Si quieres que el trabajo sea más fácil y divertido para lograr extraordinarios resultados, debes poner en práctica estas ideas y adoptar decisiones mucho más acertadas desde ahora.

No te limites a leer este libro. Considéralo como una mina que contiene la posibilidad de cambiar tu conducta; como si encontraras metales preciosos que te convertirán en el mejor gerente que puedes ser.

Vía número uno

El gerente investigador

La curiosidad es más importante que el conocimiento.
Albert Einstein

El negocio de organizar

¿Qué haces cuando identificas un problema pero no sabes cómo resolverlo? Ésta fue la pregunta que algunos socios y yo nos formulamos en 1990, cuando tomamos el control en Filofax. La icónica empresa del organizador personal había visto cómo sus ventas se hundían después de un incremento a mediados de los años ochenta. Cuando le pusimos las manos encima, Filofax perdía dinero rápidamente. En pocos meses quebraría.

Lo primero que hicimos fue investigar qué estaba mal. Teniendo en mente el Principio, queríamos saber si algunos productos esenciales aún daban buena ganancia, y si otros tenían grandes pérdidas.

La empresa tenía dos productos principales: la agenda personal de piel, en forma de carpeta con seis anillos; y las hojas impresas, incluyendo un calendario/diario dentro de la agenda. Necesitábamos saber qué carpetas e insertos eran viables y cuáles las causas de sus pérdidas. Un recorrido rápido por la bodega bastó para darnos cuenta. Las repisas estaban atestadas con el más extraordinario de los inventarios. Las carpetas eran de todas formas y tamaños, con cubiertas muy diversas. Muchas estaban hechas, en apariencia, con piel de karung.[35] No teníamos idea de qué era un karung, pero las pilas de inventario sugerían que la criatura había muerto en vano. Luego llegamos a los montículos de insertos de papel. Estaban bien organizados por temas y había muchos. En pocos minutos, nos encontramos inmersos en la observación de aves, juegos de *bridge*, ajedrez, fotografía, *windsurfing*... y lo que se te ocurra. Había decenas de miles de ejemplares de cada inserto y todos daban la impresión de haber estado en la bodega mucho tiempo.

Ese recorrido nos dio nuestra primera hipótesis 80/20. Había tres o cuatro carpetas e insertos principales. La más popular era un "relleno estándar" que incluía calendario anual, hojas para tomar notas durante las juntas y algunas páginas con datos populares, como los planos de los metros de Nueva York y Londres. Especulamos —o al menos teníamos esa esperanza— que media docena de productos podían generar dinero, pero la mayoría era un lastre.

Y así resultó cuando investigamos más. Sólo 4 por ciento de las unidades del *stock* generaban 93 por ciento del retorno de Filofax. Estos productos estelares daban un generoso 20 por ciento de utilidad sobre el precio de venta. El otro 96 por ciento eran poco rentables.

Luego descubrimos que 20 por ciento de nuestros clientes —los minoristas que vendían las agendas— constituían 91 por ciento de las ventas totales. El siguiente paso era preguntar a esos minoristas cuál era el problema. Decían que las agendas eran muy caras. Un nuevo rival, Microfile, ofrecía algo semejante por la mitad del precio y se había hecho con buena parte de las ventas de Filofax. De pronto, nos dimos cuenta de que la vieja administración estaba equivocada. Habían presumido que el mercado entero se había colapsado, pero no era así; sólo se había reducido nuestra *participación de mercado*.

Preguntamos a los clientes si debíamos bajar el precio de nuestros productos al nivel de los de Microfile. Dijeron que no:

---

[35] Serpiente del sudeste asiático (*acrochordus javanicus*) [N. del T.].

Filofax podía permitirse precios más altos, pero hablaban de 10 o 15 por ciento, no de 50. Bajamos nuestros precios en esa proporción y nos aseguramos de que los costos fueran tan bajos como los de Microfile. Esto fue fácil porque mejoramos nuestra línea de producto, y nuestros organizadores comenzaron a vender bien con el nuevo precio. En tres años, el volumen de ventas se cuadruplicó y tuvimos buenas utilidades. Cuando vendimos la empresa, nuestros inversionistas multiplicaron su dinero por siete.

Una mente inquisitiva

Los niños aprenden muy pronto a formular preguntas, abriendo así nuevas ventanas en su mundo. Las preguntas les permiten establecer nexos respecto del misterio de la vida para comprender qué lugar ocupan en el contexto general. La velocidad de su desarrollo personal depende de la cantidad y calidad de las preguntas que hagan, y de su determinación para dar un sentido a la existencia. Si tienes niños pequeños serás testigo de este maravilloso, extraño, milagroso, impresionante y efectivo proceso todos los días.

No obstante, conforme crecemos dejamos de hacer preguntas y comenzamos a ofrecer respuestas, por lo regular no muy originales. Dejamos de pensar. Nuestra admiración por los enigmas de la vida desaparece. Teniendo ya algo de conocimiento de nuestro medio ambiente, lo damos por hecho. Como dejamos de formularnos preguntas, perdemos la capacidad de descubrir nuevos modelos. La vida se torna menos misteriosa, más aburrida.

Los detectives son diferentes, y por eso los misterios sobre asesinatos fascinan a tanta gente. Los investigadores ficticios —desde Sherlock Holmes hasta el inspector Rebus— necesitan encontrar la respuesta a una pregunta particular: ¿quién lo hizo? Y lo consiguen pensando lo impensable e investigando pistas en apariencia poco prometedoras. Cuando finalmente se llega a la respuesta, ésta debe ser original e inesperada. Los detectives —y algunos científicos— se cuentan entre los pocos adultos que aún piensan como niños. Se emocionan haciendo preguntas e incrementando, como resultado, su conocimiento.

Los gerentes deben comportarse así. Hacer preguntas y no creer de modo automático lo que los demás creen, ni aceptar todo lo que te dicen, en otras palabras, hablo de pensamiento investigador, que es una actividad 80/20. Brinda revelaciones ocasionales que ponen a la realidad en su justa dimensión y te permiten moverte en un plano más alto de la existencia. La investigación revela un mundo subterráneo insospechado; una realidad inquietante en la que puede ser malo lo que creemos bueno; una realidad en la que hay todo tipo de vínculos ocultos y en la que un suceso en apariencia trivial puede detonar una avalancha; una realidad en la que reptan emociones fuertes que rompen con la calma superficial.

En los negocios, el tipo de investigación más potente mira más allá de los promedios, porque éstos pueden ser engañosos. Los negocios no se manejan por promedios; se orientan a las excepciones, a los extremos. Bajo el promedio hay siempre fuerzas positivas y una gran cantidad de mediocres o negativas. La misión del gerente investigador consiste en determinar cuál es cuál. Cuando entras en sintonía, la investigación te da ventajas y un nivel de emoción que la mayor parte de los gerentes ignora.

La investigación es divertida. Si haces las preguntas correctas, también resulta una actividad sencilla. Al usar la metodología 80/20, aprenderás a hacer preguntas cruciales que te brindarán todas las respuestas que necesitas.

La pregunta más pertinente de todas es:

¿Hay unos pocos productos o clientes que son súper rentables?

He aquí una pista: ¡la respuesta siempre es "Sí"!

Ahora sólo tienes que identificar esos productos y clientes súper rentables.

Y deja para el final la tarea de averiguar cuáles productos y clientes son realmente desastrosos…

¿Quiénes son tus clientes principales y qué los hace distintos del resto?

El parámetro 80/20 sugiere que cerca de cuatro quintas partes de tus ganancias provendrán de una quinta parte de tus clientes. Éstos son los *clientes esenciales* con los que sostienes una relación amorosa, benéfica para ambos y absolutamente crucial en el futuro de tu firma. Sin embargo, son muchos los gerentes que ni siquiera saben quiénes son sus clientes esenciales y, por tanto, no saben por qué son tan importantes. Un error típico consiste en pensar que *la mayoría* de los clientes son importantes. Esto casi siempre es una ilusión: sólo cuentan tus clientes esenciales. Una vez que entiendas eso, identifica quiénes son y concéntrate en ellos. Pronto descubrirás que tus ganancias aumentan con un esfuerzo relativamente pequeño.

¿Por qué la mayor parte de los gerentes sigue en la oscuridad, concentrándose en los muchos clientes que no importan y negando a los pocos cruciales? La respuesta consiste en que los sistemas de contabilidad suelen basarse en los promedios, no en los extremos. Tu trabajo es construir un nuevo sistema al investigar tu base de clientes e identificar un patrón 80/20 (o incluso más desequilibrado), y luego concentrar el esfuerzo en ese 20 por ciento.

Recientemente estudié un negocio en línea y descubrí que 17 por ciento de los clientes de la firma daban 122 por ciento de utilidades. El restante 83 por ciento, pérdidas. En principio, parecía muy sencillo determinar a los clientes buenos y a los malos para el negocio: los comerciantes *aficionados* —entusiastas que tenían algo de dinero y disfrutaban comerciar, pero no era su primera ocupación— resultaban mucho más rentables que los *profesionales*. Pero analizar a los comerciantes aficionados como grupo no daba una versión correcta de los hechos. Aunque, como grupo, los aficionados eran bastante rentables, el promedio escondía lo que en verdad era importante.

Cuando retiré otra capa de la cebolla, encontré que el tamaño importa (como suele pasar). Los pequeños comerciantes aficionados eran muy poco rentables, incluso los clientes medianos provocaban pérdidas, aunque en menor grado. La explicación a esto era simple. El costo de reclutar comerciantes (conocido como "costo de adquisición" entre representantes de ventas y de *marketing*) superaba cualquier ganancia del negocio. Esto sucedía porque no comerciaban gran cosa cuando visitaban el sitio web y tendían a permanecer ahí demasiado tiempo.

En contraste, un puñado de comerciantes aficionados verdaderamente grandes eran por demás rentables para el negocio. A la empresa casi no le costaba nada reclutarlos, puesto que eran entusiastas que hasta caminarían sobre vidrios con tal de pertenecer al grupo de la firma. Gustaban tanto del producto que lo recomendaban a compañeros fanáticos. Y estaban tan contentos con el servicio — mucho más amigable y divertido que cualquier otro semejante— que pagaban con gusto una comisión mayor que los profesionales. Más aún, estos sofisticados aficionados eran de gran ayuda al desarrollar y probar nuevos productos. Un flujo constante de productos permitía que, con el tiempo, la empresa aumentara sus ganancias gracias a cada cliente entusiasta. El grupo en cuestión era lo opuesto a los aficionados pequeños y poco sofisticados que solían aburrirse del servicio y se iban antes de que la empresa obtuviera algún retorno de la inversión realizada en su reclutamiento.

Cuando identificamos a los clientes de alto valor, los consentimos en grande. Primero, rediseñamos el sitio web para ajustarlo a sus necesidades. Luego, desarrollamos nuevos productos para ellos, incluyendo aplicaciones para celulares y para el iPad, que resultaban en verdad atractivas para este segmento. Finalmente, comenzamos a pagarles bien por recomendar a la empresa con amigos que tuvieran un perfil semejante. Entre tanto, pusimos menos esfuerzo (y dinero) en el reclutamiento de clientes más pequeños, y elevamos las comisiones para los pequeños ya existentes.

Naturalmente, los ingresos empezaron a crecer y llegaron las utilidades.

Es casi seguro que tu negocio tenga un número parecido de clientes rentables. Éstos suelen ser:

- Tus clientes más antiguos y leales.
- Los que más aprecian tu firma y sus productos o servicios.
- Los que mejor asimilan tu oferta. Por ejemplo, si tus productos son novedosos, avanzados o se dirigen a la parte alta de la pirámide —como los productos de Rolex o Bang & Olufsen—, tus mejores clientes serán igualmente sofisticados. Por otra parte, si tus productos son del tipo que ofrece "valor por tu dinero" —como los de Timex o Bush—, tus mejores clientes estarán contentos con ese estándar.
- Los que son menos sensibles a los precios.
- Los que se quejan menos.
- Tus clientes más grandes. Y bien vale la pena advertir contra aquellos clientes grandes sin ninguno de los atributos mencionados líneas arriba, porque pueden usar su músculo para exigir precios que llevarían a la ruina.

Puede ser igualmente valioso identificar a los clientes que más problemas dan y traen pérdidas. Hablamos del cliente que puedes permitirte perder. Debes ser tajante al subir tus precios para esta gente y/o reducir los costos de su servicio. Los peores clientes suelen ser lo opuesto a los mejores. Tienden a ser:

- Los más promiscuos: compran en todas partes y te dejarán en un pestañeo si un rival ofrece alguna promoción especial.
- Los más sensibles al precio: lo que no cuadra, pues el costo de servir a estos clientes es, invariablemente, alto.
- Quejumbrosos compulsivos.

- Están mal alineados con tus productos o servicios porque tienden a querer algo más sofisticado o básico.
- Los clientes de más cara adquisición.

Una vez identificados estos grupos de clientes bueno o malos, debes trabajar en los precios que darás a cada grupo y en los costos del servicio, incluyendo un cálculo preciso de extras, como costo de venta, mercadeo, administración e investigación. Cuídate mucho de utilizar promedios. Por ejemplo, si un grupo de clientes es más sensible al precio que otro, el grupo "baratero" comprará más tus productos cuando estén en oferta especial, así que tu ingreso a través de ellos será más bajo, pero lo anterior no se mostrará en datos contables existentes. Puede que requieras hacer pruebas con parte de estos grupos para observar o estimar el efecto de sus conductas. Asimismo, el costo completo de atraer nuevos clientes en cada grupo debe fijarse teniendo en cuenta el tiempo que pueden ser leales a la empresa y cuánto gastarán en ese lapso. Conseguir clientes pequeños y temporales suele ser costoso en exceso, pero no lo verás hasta hacer las cuentas finales.

Analizar la rentabilidad de los clientes es una tarea seria y difícil, así que no pretendas hacerla si no eres un contador calificado. Delega el trabajo a tu departamento de finanzas o a un grupo de consultores externos. Tu tarea es decirles qué grupo de clientes deben someter a prueba.

¿Cuáles son tus productos más rentables… y cuáles menos?

Tal como sucede cuando determinamos los clientes más rentables, el truco para analizar productos es ponerlos a prueba. Debes dividirlos en grupos que, según tú, puedan exhibir la extrema o pésima rentabilidad. Por lo general, los mejores productos son los que:

- Se venden en volúmenes mucho mayores que el resto.
- Se desarrollaron e introdujeron mucho tiempo atrás.
- "Se manejan solos", sin que nadie tenga que pensar demasiado en ellos.
- No son fabricados por las firmas rivales (o son vendidos en volúmenes mucho menores por ellas).
- Tienen precios altos y estables.
- Utilizan los mejores recursos de la empresa: tecnologías superiores y distintivas, cadena de suministros, ideas propias o procesos realizados por personal altamente calificado.

El número mayor de productos que generan pérdidas tiene las siguientes características:

- Se venden lentamente.
- Se trata de "especiales" que requieren mucha planeación, mucho trabajo para la venta o demasiados ajustes para satisfacer las demandas del cliente (sin tener un precio alto para justificar todo el esfuerzo).
- Productos nuevos o de reciente introducción, en especial, si requieren de altos gastos en publicidad, mercadeo o ventas.
- Productos que la competencia puede producir y vender sin problemas, en particular, si su producción es mayor.
- Productos de precio fluctuante que tienden a la caída en el largo plazo.
- Productos con una alta proporción de costos adquiridos, sobre todo si los proveedores clave tienen una fuerte posición negociadora. Por ejemplo, la mayoría de los fabricantes de autos no sólo compran metal y otros componentes, también adquieren elementos electrónicos, de modo que una alta proporción de los costos totales de manufactura suele ser adquirida.

• Productos que no requieren de tanta habilidad para su fabricación.

Cuando tengas las listas que dividen tus productos en "buenos" y "malos", podrás formularte la más importante de las preguntas.

¿Cuál es la esencia de tu empresa?

La verdad es que son pocos los productos y clientes que cuentan, en tanto que el resto suele afectar de modo negativo las ganancias. Así, la mayoría de las actividades de una empresa suelen ser irrelevantes, en tanto que unas pocas son muy importantes y dan al negocio su razón de ser.

A esto me refiero cuando hablo de la esencia o de lo esencial, que se conforma de entre 1 y 20 por ciento de lo que tu compañía hace (de lo que tu empresa *es*), y este porcentaje es, justamente, el que te distingue de la competencia en tu sector. Digamos que este pequeño porcentaje otorga la mayor parte de su valor.

Las empresas que no tienen productos esenciales fuertes no son conocidas, ni permanecen.

Las firmas de esencia fuerte pueden cambiar al mundo.

Dos profesores de la Escuela de Negocios de Harvard, David Collis y Cynthia Montgomery, hablan de los recursos clave para un negocio —ese pequeño número de capacidades centrales.[36] Puede que hayas escuchado la expresión "competencias esenciales", pero pienso que la idea de los "recursos esenciales" es más rica y útil, pues abarca no sólo lo que la firma hace bien, sino también sus recursos físicos (como localización) y sus valores intangibles (como una gran marca o la capacidad de trabajar de forma única).

---

[36] David J. Collis, y Cynthia A. Montgomery, "Competing on Resources", *Harvard Business Review*, julio-agosto de 2008, pp. 140-150.

Collis y Montgomery dan cinco criterios para identificar los recursos verdaderamente esenciales para tu negocio. Para calificar como "esencial" un recurso debe ajustarse a estos cinco criterios, por lo que no encontrarás muchos. Hablamos de recursos que:

- Son difíciles de copiar. Por ejemplo, puedes tener una ubicación que ninguno de tus rivales puede igualar.
- Se deprecian (pierden valor) lentamente. Por ejemplo, la marca Disney fue ignorada más de 20 años, hasta que Michael Eisner se convirtió en jefe en 1984. A pesar de ello, la marca (que tenía personajes tan famosos como Mickey Mouse y el pato Donald) retuvo su valor latente y pudo revivir con grandes resultados.
- Son controlados por la empresa, no por los empleados, proveedores o clientes. Hace tiempo asesoré a Libra, banco subsidiario de muchos otros líderes en el ámbito mundial. Libra tenía una experiencia particular en la banca de inversión de América Latina, lo que podría pensarse que era un recurso esencial; pero no lo era, porque un grupo muy unido, de unos 30 banqueros inversionistas, producía todas las ganancias del negocio. Señalé esta vulnerabilidad a la cabeza del banco, pero no pudo hacer nada al respecto. Claro que, dos años más tarde, el muy rentable equipo fue reclutado por Morgan Grenfell. Libra nunca se recuperó del golpe.
- Resulta difícil sustituirlos por nuevos productos, servicios o tecnologías. Páginas atrás mencioné a Filofax. Su recurso esencial era el astuto diseño de su organizador personal, que contenía todos los datos sociales y de negocios trascendentes para el usuario. Sin embargo, en la década de los noventa, las agendas electrónicas comenzaron a aparecer en el mercado. Aunque al principio eran grandes, lentas y torpes en su operación (por lo que no afectaron mayormente las ventas de Filofax durante unos

años), supimos que llegarían a dominar el mercado de los organizadores personales. Fuimos afortunados al vender Filofax antes de que esto sucediera, de que los demás se percataran de que nuestro recurso esencial ya no lo era.

- Son claramente superiores a cualquier recurso equiparable de la competencia. Por ejemplo, el recurso esencial de Coca-Cola no es la fórmula de su producto, sino su marca, profundamente arraigada en la psicología de los estadounidenses y de los habitantes del resto del mundo. La razón de ello es que, sencillamente, Coca-Cola fue el primer producto de cola que apareció en el mercado. Las pruebas a ciegas demuestran con solidez que la mayoría de la gente prefiere la Pepsi sobre la Coca, pero Coca-Cola vende más que Pepsi en la mayoría de los mercados porque su recurso esencial, su marca, es precursora.

Si eres inclemente al contrastar los recursos de tu firma contra estos criterios, encontrarás que sólo cuenta con uno o dos recursos esenciales. Cuando estableces cuáles son. puedes concentrar la energía de todos para fortalecerlos. En consecuencia, tu compañía pronto tendrá un impacto mucho mayor en el mundo.

Siete preguntas que debes formularte

Un gerente investigador exitoso necesita concentrar su atención no sólo en la firma y sus productos. He aquí una serie de "Preguntas 80/20" que te ayudarán a dar lo mejor de ti mismo.

¿Qué poderosa y solitaria idea impulsará decididamente mi negocio… y mi carrera?
Existe un número prácticamente infinito de ideas en el mundo. Sin embargo, investiga sólo las exitosas en otros ámbitos —en otro país, en otra firma, por ejemplo— y mejorarás de modo

sustancial tus posibilidades de éxito. Entonces, tras explorar todas las opciones, elige la que represente la mejor posibilidad de tener un impacto enorme.

Lo sucedido a mi buen amigo Jamie Reeve ilustra lo exitosa que esta técnica puede ser. Tenía 32 años y era subgerente en la BBC cuando evaluó qué hacía con su vida:

> Llegado el verano de 1996, llevaba 18 meses trabajando en la BBC. Laboraba en el Departamento de Estrategia y me sentía aburrido hasta el tuétano. No me parecía que la estrategia televisiva o radiofónica fueran en verdad interesantes: sólo analizábamos tácticas de programación para producir ínfimos cambios en nuestra participación de mercado.
>
> Decidí hacer una pausa y tomé un avión para visitar a mi amigo Mark Davies, en Nueva York. Trabajaba en el negocio editorial y había creado una revista especializada en acontecimientos locales de todo tipo que podían resultar atractivos a los lectores. Mi amigo acababa de percatarse de que podía dar a conocer la misma información vía el incipiente Internet. Le emocionaba saber que la gente de la red podría visitar su base de datos. No trataba de ganar dinero. Sólo le agradaba distribuir la información y compartirla con el mayor número posible de personas. Jamás ganó un centavo. (En realidad, vendió el negocio un año más tarde por ocho millones de dólares, ¡pero ésa es otra historia!)
>
> El barrio de Soho estaba lleno de negocios semejantes administrados por tipos listos y reservados. El cambio estaba en el aire. Yo vestía de traje para ir al trabajo y me sentaba en un escritorio formal en una oficina aburrida. Mark ni siquiera tenía trajes. Trabajaba en una mesa hecha con una puerta vieja y compartía un departamento poco elegante pero agradable con otros tres pequeños negocios. Me sentí como un campesino del siglo XVII mirando su

primer telar en una fábrica de algodón. Como bien podría haber dicho Bob Dylan, algo sucedía aunque yo no supiera de qué se trataba.

Regresé lleno de ideas respecto de cómo Internet cambiaría a Londres. Quería ser parte de eso. Me di cuenta de que debía saltar del barco llamado BBC. Pero entonces sucedió algo extraño, lo que no es raro cuando se tiene una obsesión...

¿Quién puede patrocinar la idea?
Cuando hayas identificado tu gran idea, no te avergüences de gritarla a los cuatro vientos. Puede que alguien importante en tu organización, quizá alguien en la cima, se interese en lo que tienes por decir, como sucedió a Jamie:

Resultó que mi jefa, quien reportaba a John Birt (director general en ese momento) había recibido de él la instrucción de investigar más sobre Internet. Aunque era una excelente gerente, tanto mi jefa como el resto del equipo se mostraban suspicaces ante "esas cosas tan novedosas", ¡de hecho, tenía fobia a la tecnología!, pidió que un voluntario asumiera la responsabilidad del proyecto de Internet, por lo que me dio mucho gusto ser el único en ofrecerme para el encargo.

Me armé de valor y fui a ver a John Birt. No era popular entre los conductores, pero tenía reputación de estar abierto a las nuevas ideas. Yo había escuchado que Birt buscaba librarse de la vieja guardia rodeándose de jóvenes. Sabía que le agradaba Estados Unidos y se mantenía en contacto con sus tendencias. Había producido las inolvidables entrevistas de David Frost con Richard Nixon, que obligaron al ex presidente a admitir por primera vez que había decepcionado al pueblo estadounidense con el asunto Watergate.

Birt acababa de regresar de otro viaje a la Costa Oeste y se mostraba intrigado por Internet pero no imaginaba las implicaciones que tendría la red. Igual que yo, sospechaba que cambiaría las reglas del juego. A ambos nos sorprendió el entusiasmo del otro. "Vayamos por una semana a Silicon Valley en julio", dijo. "No me importa con quién nos reunamos, siempre y cuando se trate de pioneros de Internet. Y debemos terminar como máximo a las cuatro de la tarde del viernes correspondiente, pues tengo que estar en Seattle de regreso."

Microsoft tiene su base en Seattle, así que John sugería una visita a las instalaciones de esa empresa en Redmond. ¿Cómo se supone que yo iba a organizar eso? Llamé al representante de Microsoft encargado de la cuenta de la BBC y le pregunté si podía arreglar una visita para nosotros. No tenía demasiadas esperanzas, pero me llamó media hora más tarde para decir que todo estaba arreglado y podíamos reunirnos con "Bill".

Así fue como John y yo llegamos a escuchar embobados por más de una hora a Bill Gates, quien abundaba sobre los grandes cambios que provocaría Internet. Me convertí en el líder del equipo de estrategia digital para la BBC, y cuatro meses después lanzamos BBC Online. Ahora tiene más de 10 millones de usuarios y es el sitio, no estadounidense, de contenido más popular del ciberespacio.

¿Quién obtiene grandes resultados y cómo?
Si ves que alguien tiene gran éxito, siempre existe una razón para ello. Si la descubres, puedes emular y/o adaptar sus métodos para lograr resultados semejantes.

Pienso que, en este caso, podemos aprender mucho de la experiencia de dos de mis ex empleadores: las firmas de consultoría Boston Consulting Group (a la que me referiré por sus iniciales, BCG) y Bain & Company (Bain). Bill Bain trabajó para BCG hasta que renunció para lanzar la empresa que llevaría su nombre. En aquellos años, BCG estaba organizada en cuatro equipos que se distinguían por colores (rojo, amarillo, azul y verde). Cada uno tenía el mismo número de consultores, pero hasta ahí llegaban las semejanzas, pues en términos de resultados los equipos no eran similares. El de Bain superaba por mucho el desempeño de los otros tres, pues ponía en práctica su objetivo de obtener grandes presupuestos para clientes individuales. Comprendía el Principio y lo implementó lo mejor que pudo en BCG, pero sabía que la mejor forma de avanzar era: menos clientes y relaciones más profundas con ellos. Esto implicaba la completa transformación del cliente por medio de la intervención del consultor, precisamente la estrategia que Bill adoptó al lanzar su propia firma. Para Bill Bain: menos era más.

¿Cómo puedo lograr una mejoría de 1 600 por ciento?
Como vimos en el Capítulo dos, suele haber lugar para grandes mejoras en el desempeño. Y al comprender el Principio obtendrás la confianza para lograrlo. No te sientas satisfecho con algo que es sólo dos o tres veces mejor: intenta una mejoría 16 veces mayor. Persigue lo que parece un progreso escandaloso, visualiza cómo sería. Por ejemplo, imagina una bicicleta que compite contra un Ferrari. No importa cuánto trabajo inviertas en mejorar la bicicleta, nunca se acercará al desempeño del Ferrari.

De esta manera, necesitas aprender a manejar el auto deportivo, aproximarte al asunto de manera distinta para lograr tu meta.

¿Cómo puedo lograr mucho más con mucho menos?
Ernest Rutherford (1871-1937) fue el científico neozelandés que dividió el átomo. A partir de 1919, dirigió el revolucionario Laboratorio Cavendish, en la Universidad de Cambridge. Un equipo de científicos estadounidenses lo visitó en ese lugar, pero no quedaron muy impresionados y expresaron su preocupación por la pobreza del equipo que ocupaba el pequeño laboratorio.

"Es verdad que no tenemos mucho dinero", respondió Rutherford, "así que debemos pensar mucho."

Su lema era: "Busca los primeros principios." Pensar un poco en los primeros principios puede ahorrarte millones. Y carecer de tiempo y dinero promueve la inventiva. Siempre que pensamos en lograr mucho más, nuestra primera tendencia es pensar que necesitamos *más* personal, *más* dinero, *más* tiempo, sobre todo si se trabaja en una empresa grande y con recursos. Es saludable adoptar la actitud contraria, que lleva a los hallazgos importantes.

Cuando ayudé a dirigir una firma de consultoría a mediados de la década de los ochenta, uno de mis grandes enemigos era el correo de voz (todavía no existía el correo electrónico). Llegaba al trabajo por las mañanas para encontrar una cantidad interminable de mensajes, la mayor parte proveniente del otro lado del Atlántico. Me tomaba una o dos horas revisarlos y responder. Me molestaba realizar esta tarea, así que mis respuestas solían ser superficiales y poco útiles (por no decir que a veces eran descorteses).

Con el tiempo me pregunté cómo podría reducir 90 por ciento el tiempo que pasaba atendiendo el correo de voz, para hacer un mejor trabajo. Formular la pregunta era responderla. Delegué la tarea de escuchar los mensajes a mi secretaria; le pedí responder 90 por ciento de ellos y resumirme el 10 por ciento restante en no más de cinco minutos. Finalmente, dicté una respuesta: "Richard agradece tu correo de voz", decía a aquellos que demandaban una respuesta, "y me pide que te diga"… lo que sea. Pronto, mi secretaria se encargó de entre 95 y 100 por ciento de las llamadas sin que yo interviniera. ¡Y ella era mucho más diplomática y eficiente de lo que yo había sido jamás!

La moraleja de esta historia es que siempre puedes lograr mejores resultados con menos esfuerzo. Sólo utiliza la imaginación.

¿Quién es mi cliente más importante?

No me hice esta pregunta tan trascendente cuando trabajé para BCG, en la segunda mitad de la década de los setenta. Asumí que la forma de avanzar era construir relaciones con mis clientes. Tuve un mediano éxito en este sentido, pero descuidé el otro paso necesario para agradar a mis jefes inmediatos, el gerente de proyecto y el vicepresidente de la empresa. *Ellos* eran mis clientes más importantes. En ese momento, no comprendí la importancia del patrocinio, de cultivar el apoyo de un jefe poderoso, hacer lo que querían y lograr aquello que los tuviera felices. El vicepresidente decía que yo lo ponía nervioso en las juntas con los clientes porque nunca sabía qué iba a decir (tendía a salirme del tema al responder a los clientes, en lugar de callarme y punto). También decía que yo solía explotar como un volcán de vez en cuando. También era verdad.

Cuando me uní a Bain & Company, en 1980, a la edad de 30 años, dejé a un lado mi aspecto extravagante para poner en práctica sólo lo que mi cliente esencial (mi jefe) deseaba. Ésa fue la gran diferencia entre una carrera fracasada y otra exitosa. Cuatro quintas partes de la forma en que te ven los poderosos de la empresa pueden provenir de la opinión de una o dos personas influyentes. Se parece un poco a la mafia, excepto que, en este trabajo, puedes elegir padrinos o madrinas.

Un nuevo y poderoso cliente esencial puede producir una reacción nuclear *en* ti y *para* ti. Por ejemplo, la carrera de Jamie Reeve en la BCG despegó cuando John Birt se convirtió en su cliente esencial. Tenía poco o ningún sentido gastar tiempo y energía valiosos cultivando buenas relaciones con los demás. Al concentrarse en el proyecto de la dirección general, Jamie pudo saltarse a más de 100 personas en la jerarquía de la BCG para hacer algo que en verdad le emocionaba: la implementación de BCG Online.

Tu cliente más importante es la persona a la que agregas mayor valor, la que te ayuda a transformar las cosas para tener el impacto deseado. Esa persona puede ser tu jefe inmediato o cualquiera de los otros; alguien que sabe bien a dónde va la organización; un cliente o incluso alguien externo a la firma en la que colaboras. Lo importante es identificarlos para luego impresionarlos.

¿Qué factor específico me impide avanzar?
En 1941, el ingeniero eléctrico Joseph Moses Juran se encontró con el Principio. Lo ayudó a desarrollar sus teorías del control de calidad, que después llegaron a ser tan influyentes en el Japón de la posguerra. Juran entrenó a gerentes y subgerentes para manejar la calidad hasta que los estándares industriales japoneses superaron a los estadounidenses. A mediados de los ochenta, en un intento por recuperarse, los negocios estadounidenses comenzaron la tardía adopción de las mismas técnicas. Juran usó la que él llamaba "Regla de efectos vitales" (el Principio, en otras palabras) para concentrar su atención en el pequeño número de causas (a veces sólo una) que llevan a la mayoría de los defectos de calidad.

Pueden existir mil razones para explicar el éxito, pero por lo regular una o dos razones para el fracaso personal. En el caso de algunos gerentes, se trata de la falta de confianza o de conocimiento. En otros casos, es el temor a la abrumadora carga de trabajo, al jefe, a la organización, a los iguales y hasta a los subordinados. Para algunos, es tan simple como la falta de compromiso, interés y emoción. Es difícil brillar cuando se está aburrido.

¿Qué te retiene? Sé honesto. Si no tomas al toro por los cuernos, puedes desperdiciar tu vida laboral. La investigación más importante es acerca de tu propia mentalidad. Identifica tus capacidades esenciales y, especialmente, tu problema esencial. Si sabes qué te detiene, haz algo al respecto. ¡Quita las trabas y sigue adelante con todo lo que tienes!

Para llegar al éxito, debes preguntar

Lo grandioso de las preguntas clave de este capítulo es que cualquiera puede formularlas. Tienen tal poder que, en pocas semanas, te descubren los secretos del éxito excepcional (y del fracaso) que ha eludido a tus colegas durante años. Sabrás a qué 20 por ciento de los clientes atender, qué 20 por ciento de los productos promocionar y qué clientes esenciales cultivar. Después de hacerlo, el trabajo duro (o al menos 80 por ciento de éste) habrá terminado.

Espero estés de acuerdo con que no hay nada que haga difícil la formulación de estas preguntas; o mejor, no hay nada que dificulte obtener respuestas, en la mayoría de los casos. Al analizar las situaciones, quizá descubras qué otros cuestionamientos te vienen a la mente; en poco tiempo reencontrarás gran parte de la maravillosa curiosidad que tenías de joven. En su momento, eso te revelará descubrimientos novedosos sobre los acertijos que aquejan a todos los negocios, a excepción de los más sencillos. Cuando los hayas resuelto, la gerencia exitosa es juego de niños.

Si sigues investigando —y no podrás detenerte—, pronto lograrás la maestría en una de las 10 formas para convertirte en un verdadero gerente 80/20.

El siguiente capítulo revela otra forma sencilla y exitosa de convertirte en gerente 80/20. La investigación sociológica y psicológica ha mostrado la importancia de reunir ideas frescas de las personas que integran nuestra vida, en especial de quienes se mueven en círculos distintos. Resulta que las mejores relaciones en los negocios y en la vida suelen ser las más inesperadas… y por lo regular, también las más ignoradas.

Vía número dos

El gerente superconector

Es notable que la gente reciba información crucial de individuos cuya existencia han olvidado.
Profesor Mark Granovetter[37]

La creatividad proviene de encuentros espontáneos, de discusiones fortuitas. Te encuentras con alguien, preguntas qué hace, dices "Wow" y pronto estás cocinando todo tipo de ideas.
Steve Jobs[38]

Los vínculos débiles tienen efectos poderosos

¿Quién crees que pueda proveerte de más ayuda en tu trabajo y en tu vida? ¿Tus colegas cercanos? ¿Los amigos y la familia? ¿O tal vez la gente que apenas conoces y ves en raras ocasiones?

La respuesta es sorprendente. Es más probable que los grandes avances en nuestras vidas —como obtener un nuevo empleo fantástico o la clave para transformar un negocio— provengan de la nada, de conocidos casuales y no de nuestros amigos cercanos o colegas. El arte de ser un gerente superconector consiste en cultivar una gama muy amplia de relaciones, utilizando todo el potencial de los "vínculos débiles" que todos tenemos en abundancia. Usaré un parteaguas fundamental en mi vida para ilustrar el punto.

---

[37] Mark S. Granovetter, "The Strenght of Weak Ties", *American Journal of Sociology*, número 78, mayo de 1973, pp. 1360-1380.
[38] Isaacson, *Op. cit.*, p. 431.

Cuando tenía 33 años y trabajaba para Bain & Company, dos colegas y yo decidimos emprender nuestra propia firma de consultoría, LEK. Fue difícil. Bain & Company nos demandó y evitó que sus clientes se fueran con nosotros, algo que pensamos hacer. Nuestro pequeño capital se agotaba rápidamente y necesitábamos encontrar rápido un cliente importante. Llamamos a todos nuestros amigos y a los contactos de negocios que considerábamos cercanos, pero eso no nos condujo a ninguna parte. Finalmente, los tres nos sentamos a conversar sobre qué haríamos a continuación. Iain y yo estábamos abatidos; Jim se mostraba más animado y positivo. Iain y yo lo atribuimos a que era estadounidense.

"He aquí lo que debemos hacer", dijo Jim. "Toma una hoja de papel y escribe el nombre de todo gerente que conozcas y trabaje en una empresa grande. Incluye a todos, incluso si no los conoces muy bien: antiguos colegas, conocidos del futbol o de la escuela de negocios, amigos de amigos. No te preocupes por no haberlos visto en años. Ve a comer con ellos e invítales un trago después del trabajo para ponerte al día sobre sus vidas. Coméntales qué estás haciendo y ve si se les ocurre alguna idea."

Así es como terminé en Julie's Wine Bar, cerca de la calle Portobello, con Nicholas Walt, un antiguo colega de BCG con aspecto distinguido. Era alto y delgado; su característica principal era caminar con la espalda muy recta, como un viejo soldado. Nos conocimos un poco cinco años atrás; nunca colaboramos o socializamos de manera directa, pero nos llevamos bien en la oficina porque compartíamos un sentido del humor corrosivo. Me había encontrado con él dos veces desde mi partida de BCG, pues él había tratado de contratarme para una firma grande.

El vino hizo lo suyo para que yo pudiera aguantar su larga perorata sobre las delicias de convertirse en padre a los cincuenta y pocos años. Yo traté de llevar la conversación a su papel dentro del Imperial Group, uno de los conglomerados más importantes de Gran Bretaña, con intereses en los rubros de tabaco, alimentos procesados, entretenimiento, restaurantes y hoteles, pero Nick sólo quería hablar de cómo su hijo había cambiado su vida. Era un padre orgulloso.

No obstante, me las arreglé para llevar la conversación a dónde yo quería y le expliqué que la estábamos pasando muy mal para echar a andar nuestra empresa. El teléfono no sonaba tanto como cuando trabajaba en una empresa grande.

Nick simpatizó con mi situación: "La tensión debe ser enorme", dijo. Pero esa noche sólo pude sacarle otra copa de vino y algo más de simpatía por mi situación.

Así que fue una sorpresa cuando respondí al teléfono dos semanas después y escuché a Nick del otro lado de la línea. Comenzó a hacer preguntas sobre el tamaño de nuestra firma. Admití que sólo estaba integrada por siete personas.

"Hmm", dijo.

Siguió una pausa muy larga.

Yo guardé silencio.

"Bueno", dijo, "quería comentarte que nuestra división de alimentos está organizando una especie de desfile de moda para conocer y comparar a los consultores estratégicos. Participarán McKinsey y BCG. Veré si puedo invitarte para que también nos hagas una presentación. En lo individual, tienen mucha experiencia de alto nivel, incluso considerando que su empresa es diminuta. No esperes que te elijan para una tarea tan grande, pero puede ser una buena experiencia para ti."

Para no hacer el cuento largo, McKinsey fue elegida y a nosotros nos tocó una felicitación por quedar en segundo lugar. Estábamos bastante complacidos con el resultado —era bueno ser consideradas por una organización tan ilustre. (McKinsey y BCG eran las empresas de consultoría más grandes y respetadas del mundo en ese momento.) Pero entonces, en el último minuto, tras pasar una noche inquieta, Gerry Sharman, jefe de la división de alimentos, cambió de parecer. Gerry era un viejo lobo que había llegado a la cima pasando momentos difíciles, y no le agradaba el esnobismo de McKinsey. También estaba convencido de que habíamos hecho la mejor presentación. Así que, a fin de cuentas, nos ofreció el contrato. Las otras dos firmas quedaron desconcertadas, lo que agradó tremendamente a Gerry.

Después trabajamos con otras divisiones de Imperial, hasta llegar al más alto nivel corporativo. Pero ese primer contrato llegó en un momento crítico para nuestra firma. Nos ofreció confianza para contratar de modo agresivo y nos ayudó a conseguir otros clientes importantes. Sin ese contrato, quién sabe qué habría sido de nuestra incipiente empresa.

En su momento, pensé que habíamos tenido un golpe de suerte, dado que las cosas habían surgido de un contacto tan débil que estuve a punto de no llamarlo siquiera para proponerle tomar un trago. Volví a reunirme con él un par de veces después de lo sucedido; por supuesto, le agradecí efusivamente, pero debo aceptar que, al momento de escribir estas líneas, llevamos 21 años sin hablarnos. Tampoco nos hemos enviado un correo electrónico. Sin embargo, esa charla en el Julie's Wine Bar constituyó un momento crítico en mi vida. Cuando salí de LEK seis años después, tenía dinero para hacer lo que quisiera por el resto de mi vida. Y en buena medida debo eso a Nick Walt.

Los vínculos débiles —información proporcionada por conocidos— suelen ser más poderosos que los supuestos contactos fuertes (amigos y familia). Mucho tiempo después de mi encuentro con Nick, descubrí que un sociólogo llamado Mark Granovetter escribió un ensayo llamado "La fortaleza de los vínculos débiles".[39] Su tesis de doctorado en Harvard se concentraba en analizar cómo obtenían nuevos empleos los gerentes. Para su sorpresa, la investigación reveló que la mayor parte de los gerentes encontraban sus empleos, especialmente los mejor pagados y de mayor prestigio, mediante contactos personales y no por anuncios, solicitudes formales o reclutamiento corporativo. Aún más sorprendente fue enterarse de que sólo uno de cada

---

[39] Granovetter, *Op. cit.*

seis gerentes se enteraron del trabajo que desempeñaban gracias a amigos cercanos y a la familia. La gran mayoría de los contactos interesantes provenían de colegas y conocidos. Una cuarta parte de los gerentes obtuvieron su puesto gracias a una persona que apenas conocían:

> En muchos casos, el contacto se incluyó en la lista casi por casualidad, tratándose de un viejo amigo de la escuela, un antiguo compañero de trabajo o empleador. Por lo regular, esas relaciones ni siquiera fueron estrechas... los encuentros azarosos o los amigos mutuos fueron importantes para reactivar los vínculos. Es notable cómo la gente recibe información crucial de individuos cuya existencia han incluso olvidado.[40]

Granovetter especula sobre el porqué amigos y familia —que tienen muy buenos motivos para ayudar— suelen ser menos valiosos que las amistades casuales en los momentos de cambio trascendente en nuestras carreras. Llegó a la conclusión de que nuestros amigos, familia y colegas cercanos conforman un "grupo cerrado de la estructura social", en que la mayoría de los contactos tienen relación con los otros. Estos contactos tienen acceso a la misma información que nosotros y no mucho más. Así que debemos movernos fuera de nuestro círculo habitual para contactar a los extremos más lejanos en nuestra red social y obtener así visión e información frescas. Esto implica la renovación del contacto con personas de nuestro pasado, o también cultivar nuevos contactos con los amigos de los amigos.

Esto funciona especialmente bien si tú y tus nuevos contactos tienen antecedentes distintos, si no comparten muchas amistades, si trabajan en ocupaciones contrastantes y/o si viven lejos entre sí, pues de esta manera la información de dichos contactos será muy diferente de la tuya.

---

[40] *Idem.*

Billetes de lotería rojos y verdes

Imagina que obtienes una cantidad ilimitada de billetes de lotería. Por supuesto, las probabilidades de ganar el premio mayor con cualquier billete individual son bajas, pero mientras más billetes tengas, mayor es tu posibilidad de tener éxito. Ahora imagina que los billetes están disponibles en dos colores: verde y rojo. Los rojos son extremadamente caros. Puedes "comprarlos" sólo luego de trabajar duro varios años. Así que, por ejemplo, tendrás un billete rojo cada vez que obtengas un grado académico y otro tras reunir una considerable experiencia laboral. Estos boletos rojos representan la ruta convencional, tradicional al éxito y nadie puede acumular muchos a lo largo de la vida. Más todavía, a pesar de su muy alto precio, hasta los rojos ganadores obtienen premios modestos.

En contraste, los boletos verdes son baratos, a veces casi gratuitos. Puedes adquirir cientos de ellos sin trabajar duro y llegan rápidamente, casi siempre bajo la forma de una agradable sorpresa o una ganancia inesperada. Contienen información de conocidos casuales que podemos utilizar en nuestro provecho. La mayor parte del tiempo, estos billetes verdes —al igual que los rojos— no ganan el premio mayor... pero algunos lo hacen. En mi caso, Nick Walt fue uno de mis billetes verdes ganadores. El mínimo esfuerzo de caminar hasta un bar impulsó mi carrera.

En el juego de Monopolio, dos o tres propiedades del mismo color son más valiosas que cuatro o cinco no relacionadas. Pero en la vida, dos billetes de distintos colores, uno verde y uno rojo, permiten acceder al triunfo. Estar calificado o tener experiencia laboral —billete rojo— puede tener gran valor, pero lo mismo sucede con la información —el billete verde— que equilibra tu experiencia. Dado que los dos colores tienen casi el mismo valor y las mismas probabilidades de ganar el premio mayor, y los billetes verdes son mucho más baratos que los rojos, tiene sentido adquirir tantos billetes verdes como puedas. Éste es el Principio en acción.

He ganado el premio mayor con varios billetes ganadores a lo largo de mi vida:

- Obtuve un buen grado académico, lo que me dio confianza y me hizo más apto para el mercado (billete rojo), pero logré obtener el grado por medio del estudio muy selectivo (billete verde).
- Supe que dos colegas planeaban comenzar una nueva firma de consultoría (billete verde), y me uní a ellos.
- Me encontré con Nick Walt en el Julie's Wine Bar y gocé de los beneficios durante los siguientes seis años (billete verde).
- Invertí en cinco empresas nuevas o jóvenes con base en información de mis conocidos (billetes verdes), lo que produjo grandes ganancias.
- Conocí a mi actual círculo de amigos cercanos, así como a mi pareja, por medio de conocidos (billetes verdes).

Como puedes ver, todos salvo uno de mis billetes ganadores fueron verdes. Si elaboras tu propia lista de sucesos que cambiaron tu vida, quizá tendrás un resultado similar. Es mucho más probable ganar con un billete verde (adquirido con poco o ningún esfuerzo) que con uno rojo (adquirido con enorme esfuerzo), aunque conviene tener ambos si aspiras al premio mayor.

Tal vez te guste pensar que los billetes verdes llegan por pura suerte. Es casi verdad, excepto que debes invertir un poco de esfuerzo para tenerlos en tus manos, como asistir a una reunión con alguien que casi no conoces. Pero recuerda: mientras más billetes adquieras, más suerte tendrás, y los verdes son mucho más fáciles de adquirir que los rojos.

Comúnmente, inviertes alrededor de 99 por ciento de tu esfuerzo en adquirir billetes rojos, a pesar de que no facilitan el camino para ganar el premio mayor. Y destinas el 1 por ciento restante a adquirir billetes verdes, ignorando que hacen la vida más agradable y divertida.

Llegado este momento, debes saber exactamente qué hacer: concéntrate en extender tu cadena de vínculos débiles, dentro y fuera del trabajo (es lo más importante para adquirir tantos billetes verdes como puedas). Esto te permitirá poseer ideas e información que tus colegas no tienen. Mantén un grupo de conocidos amigables y distantes, que puedan retribuirte con creces a cambio de muy poco esfuerzo de tu parte.

No hay modo de saber a dónde te llevará un solo contacto, o qué tan alto puede ser su valor. Sin embargo, gracias a él tienes muchas probabilidades de ganar ese premio mayor que cambia la vida.

Superconectores

Las cosas se ponen cada vez mejor. Por mucho, los mejores beneficios de los vínculos débiles llegan a los pocos con la mayor cantidad de contactos personales. Este descubrimiento —importante para que los gerentes lo tengan en cuenta— se obtuvo gracias a la investigación de uno de los grandes psicólogos de Estados Unidos, Stanley Milgram. En 1967, experimentó para saber qué tan "chico" o "grande" era el mundo en realidad. Tenía curiosidad por saber si la gente alejada entre sí, social y geográficamente, podía entrar en contacto mediante diversos vínculos débiles y, de ser así, cuántos se necesitaban para relacionarlos.

Milgram consiguió voluntarios en Wichita, Kansas y en Omaha, Nebraska, para saber si podían enviarle un fólder a personas desconocidas y que vivían lejos, en Cambridge, Massachusetts, y Boston, respectivamente. Los voluntarios enviarían el fólder a alguien que sólo conocían vagamente y pudiera estar "más cerca" del destinatario. (Los estudios de Milgram se realizaron mucho antes de que existiera Internet, correo electrónico y redes sociales.) Entonces, este amigo debía remitir el fólder a uno de sus amigos o conocidos, quien haría exactamente lo mismo, hasta que la cadena se rompiera o el fólder llegara a la persona indicada.

Milgram pensaba que si los fólderes llegaban a su destino por medio de una cadena de contactos relativamente corta, enton-ces vivíamos en un "mundo pequeño", donde los conocidos actúan como escalones que nos llevan a cualquier persona que deseemos alcanzar. Él y un colega escribieron: "La frase 'mundo pequeño' su-giere que las redes sociales tienen, en cierto sentido, una urdimbre muy apretada, llena de hilos inesperados que unen a individuos distantes entre sí en el espacio físico o social."[41] Si los fólderes no llegaban, estaríamos en un "mundo grande", con abismos infran-queables entre grupos de personas, dado que nadie tiene un pie puesto en cada lado del abismo. Igualmente, si los fólderes llega-ban a la persona indicada, pero sólo mediante un gran número de vínculos, el mundo seguiría considerándose "grande", porque los vínculos serían tan ineficientes que carecerían de utilidad.

Los resultados inclinaron la balanza en favor de la tesis del "mundo pequeño". En el estudio de Nebraska se comenzaron 160 cadenas y 44 fueron completadas. El número de vínculos en las cadenas varió entre dos y 10, con un promedio de cinco (mu-cho menor al que esperaban los investigadores). De forma miste-riosa, éste fue justo el número aventurado por un personaje en el relato corto "Chain Links", publicado en 1929. El autor húnga-ro, Frigyes Karinthy, escribió: "Para demostrar que la gente en la Tierra está mucho más cerca que nunca, un miembro del grupo sugirió un experimento. Apostó a que podíamos nombrar a cual-quier persona entre los mil 500 millones de habitantes de la Tierra y, por medio de un máximo de cinco conocidos, uno de los cua-les él identificaba personalmente, estableceríamos el vínculo con la persona aludida."[42] La idea fue después adoptada por John Guare para su obra de teatro *Six Degrees of Separation*, que asimismo se

---

[41] Jeffrey Travers y Stanley Milgram, "An Experimental Study of the Small World Problem", *Socie-ty*, número 39, 1969, pp. 61-66.

[42] Citado por Stanley Milgram, "The Small World Problem", *Psychology Today*, número 1, 1967, pp. 61-67.

convirtió en una película de Hollywood. Investigaciones posteriores mediante correos electrónicos y mensajes instantáneos, tuvieron resultados que iban de los cinco a los siete vínculos. Éste es un caso verdaderamente destacado de investigación científica que corrobora el folclor estadounidense, derivado en última instancia de un escritor húngaro olvidado: el caso mismo es una muestra del "pequeño mundo" en acción.

Para los gerentes, el descubrimiento más significativo de Milgram se refiere a la identidad de los vínculos más populares. En otro de sus experimentos, que implicaban enviar fólderes, el individuo final era un corredor de bolsa que trabajaba en Boston pero vivía en un suburbio de Sharon, Massachusetts. De los 44 que recibió, 16 llegaron por una misma vía final, un tendero llamado "señor Jacobs" (seudónimo), quien vendía ropa en Sharon. El corredor de bolsa, según reportó Milgram, quedó desconcertado al ver cuántos fólderes le habían llegado por medio del señor Jacobs. Milgram bautizó a Jacobs con el epíteto de "estrella sociométrica". El mundo pequeño existe sólo porque un número relativamente pequeño de personas —como Jacobs— conforman la mayoría de los vínculos con el resto de nosotros.[43]

Además de los 16 fólderes que el personaje-objetivo recibió de Jacobs, 10 más llegaron por medio del "señor Jones", y cinco gracias al "señor Brown", ambos corredores de bolsa. Sin estos tres vínculos de la cadena, casi la mitad de los fólderes no habrían llegado a su destinatario y el mundo no habría parecido tan pequeño.

Hemos visto antes algo muy parecido a este patrón.

Un impresionante 25 por ciento (16 de 64) de los fólderes llegó mediante sólo 1.6 por ciento (uno de 64) de los vínculos finales; y 48 por ciento (31 de 64) gracias a sólo 4.7 por ciento (tres de 64) de los vínculos finales. Ya vimos que el Principio 80/20 tiene dos primos muy cercanos: los principios 50/5 y 20/1.

---

[43] Soy coautor de un libro sobre el poder de los superconectores y la fuerza de los vínculos débiles: ver Richard Koch y Greg Lockwood, *Superconnect*, Little Brown, Londres; W.W. Norton & Company, Nueva York, 2010.

Si 80 por ciento de los resultados provinieron de 20 por ciento del total, 50 por ciento podría provenir de 5 por ciento del total, y 20 por ciento de 1 por ciento del total. Eso es casi exactamente lo que observamos al analizar a las "estrellas" de Milgram. El mundo pequeño depende de una pequeña minoría con muchos más vínculos sociales —usualmente débiles— que la mayoría. Prefiero llamar a estos individuos "superconectores".

Es importante saber que estos superconectores usan cada uno de sus vínculos débiles con más frecuencia que la mayoría de las personas. Tienen acceso a mucha más información que los demás. Se enteran primero de las noticias, no por los medios masivos de comunicación, que informan a decenas de millones simultáneamente, sino a través de su propia y única red de conocidos amistosos. Ellos filtran las "noticias" para generar asuntos de particular interés para el superconector. Como resultado, éste tiene una vida mucho más rica que la mayoría de la gente.

Los vínculos dentro de una firma serán "grupos más densos de estructura social", entretejidos e introvertidos. Mientras más grande sea la firma, más intercambios existirán, y será más probable que los gerentes nieguen o subestimen el valor de los vínculos externos.

¿Te describen estas líneas?

Haz una lista de todos tus conocidos amigables dentro de la firma —gente que conoces por su primer nombre y cuya compañía disfrutas—. Luego otra con todos tus conocidos amigables *fuera* de la firma. Hablarás profesionalmente con estas personas de vez en cuando y te darán información e ideas relevantes, ya sea directa o indirectamente, para tu trabajo. Puede tratarse de antiguos compañeros, clientes, proveedores, asesores, expertos de la industria, amigos o amigos de amigos. También de cualquiera con quien puedas tener una discusión satisfactoria sobre algún aspecto de tu trabajo.

Compara ambas listas. ¿Cuál es más larga? ¿Tiene mayor calidad la más útil en el trabajo cotidiano? ¿Cuál es más diversa, incluyendo a personas con mayor variedad de actividades? ¿Cuál tiene gente de lugares más variados, con habilidades y actitudes contrastantes?

Si tu lista externa es más larga y más útil, ¡felicidades! Ya eres un superconector. De no ser así, tienes la gran oportunidad de convertirte en uno.

Cómo convertirte en superconector

Un superconector vincula a gente de muy diversos ambientes, actuando como puente entre personas que se beneficiarían en caso de conocerse. Si quieres convertirte en un gerente superconductor, he aquí la manera de hacerlo:

- Comienza por mejorar tu red de contactos dentro de la empresa, especialmente con los gerentes 80/20 de alto rendimiento y vínculos "diversos": ejecutivos diferentes a ti y a quienes trabajan en otros departamentos o locaciones distantes. Para aumentar el número de conocidos amigables, muéstrate abierto y deseoso de ayudar al conocer a alguien (y después también, obviamente). Inicia una charla cara a cara con al menos un contacto cada semana, de preferencia fuera de la oficina. Las mejores conversaciones son espontáneas y personales; carecen de una agenda predeterminada (o la que tienen puede despacharse rápidamente). Apunta a lo lejos y a lo ancho. Muéstrate abierto en relación con tu vida y tu trabajo. Propicia que la otra persona pida favores u opiniones. Pregúntales si les gustaría conocer a cualquiera de tus contactos. Revisa cuál de tus vínculos débiles puede resultar útil a la otra persona y preséntalos.
- Aprovecha los viajes de trabajo para conocer mejor a tus vínculos.

- Únete a equipos conformados por gente de diversas disciplinas y lugares varios.
- De ser posible, trabaja en otro país por un tiempo. Cuando vuelvas a casa, mantén los contactos del otro país. Pasados algunos años, vuelve a trabajar en otro país.
- Procura estar dispuesto a cambiar de empresa, incluso si te sientes cómodo en tu actual trabajo y mantén contacto con tus antiguos colegas. Parte del éxito de Silicon Valley proviene del extenso contacto abierto generado entre colegas y ex colegas. En promedio, los gerentes de esta zona cambian de trabajo cada dos años. Cuando cambias de empleo, adquieres una nueva red, pero no por ello es necesario perder la anterior. Tus contactos serán mucho más numerosos y valiosos si tú (y tus ex colegas) cambian de trabajo con frecuencia.
- Ten presencia en departamentos y empleos que requieren mucho contacto con el exterior; por ejemplo, mercadeo o trabajos que impliquen contacto con clientes.
- Forma un grupo para cenar con regularidad con conocidos amigables externos. Asegúrate de que los participantes sean desiguales. Reúnanse dos o tres veces al año para discutir algún tema provocador. Incluso puedes invitar a un orador externo que ponga en marcha la conversación.
- Aprende sobre nuevas ideas leyendo revistas, periódicos especializados y libros que nadie más lea en tu empresa (y sobre todo en tu departamento). Realiza un recorrido mágico y misterioso en Internet para explorar sitios que tal vez tus colegas no frecuentan. Cuando vayas de vacaciones, muéstrate aventurero y viaja a países que tus colegas ni siquiera soñarían en visitar.

Por fortuna, no tienes que ser un "señor extrovertido" ni muy sociable para convertirte en un superconector. La mayoría se limita a ser abiertos y amistosos… con todos. No excluyas a personas que piensas no serán útiles. No existe forma de saber si alguien será importante en el futuro, y todos, desde la recepcionista del dentista, los nuevos empleados de tu oficina, el socio de tu hermano, tienen una historia que contar. Yo era un tanto reservado, pero ahora charlo incluso con personas que están junto a mí en la fila del supermercado, pasean perros por la calle o cualquiera con quien comparto tiempo y espacio. O se está abierto, con una gran sonrisa y un oído dispuesto a escuchar, o no se está; no puedes (o al menos no debes) mostrarte abierto a ratos. Y una vez que te abres al mundo, conectar personas e ideas se convierte en una especie de segunda naturaleza, y la vida adquiere numerosas y nuevas dimensiones.

No es difícil construir una red con cientos de conocidos amigables, incluso si eres tímido. Todos nos sentimos atraídos por cierta gente, llámese afinidad natural o comunicación de intereses o valores. Cada semana conocemos personajes nuevos, sea por medio del trabajo, la familia o el azar, y algunos de estos encuentros pueden convertirse en conocidos amigables. Todos tenemos amigos que tienen amigos, y estos amigos de los amigos son fáciles de conocer. Y también están esas personas que significan algo en tu vida, como tu jardinero, la florista, el cantinero, los asistentes a la iglesia entre otros. Intenta conocer mejor a cualquier de ellos. También hay muchas redes de conocidos latentes si piensas en la gente que conformó tu pasado: de la escuela, la universidad, antiguos amigos y colegas, ex jefes.

El secreto para superconectar es *utilizar* todas esas redes de vínculos para *ayudar* a tus contactos. Así que manda un correo electrónico a uno de tus contactos y ponlo en comunicación con otro que pudiera ayudar. Hazlo ahora. Lo peor que puede suceder es que ignoren tu mensaje, pero también podría ser el inicio de algo maravilloso para ambos.

Los seres humanos poseen un deseo de colaborar y ayudarse entre sí. Y ese instinto se hace más fuerte con la práctica, conforme construimos confianza en los individuos a conectar y ganamos en sensibilidad ante las ideas que nos rodean pero rara vez notamos. En cualquier caso, no te preocupes por tu recompensa: llegará tarde o temprano, quizá cuando menos y de quien menos lo esperes. Y lo mejor de todo es que, cuando te acostumbras a este ritmo, el superconectar es fácil y divertido (se convierte en una forma de vida que te ayudará a ti y a tus conocidos como no imaginas).

Conectar —y superconectar— resulta ante todo benéfico para los gerentes. Eso se debe a que la mayor parte de las empresas tienden a ser introspectivas, y la mayoría de los gerentes pasan más tiempo hablando con sus colegas de la firma que con la gente de fuera. La comunicación interna puede ser útil pero tiene sus límites. Como descubrió Mark Granovetter, dentro de una firma, un solo grupo de ideas y nociones es compartido por casi todos los gerentes; así que es mucho más probable que las ideas frescas provengan del exterior, de diversas fuentes de información e inspiración. De esto se sigue que gerentes que cultivan vínculos débiles fuera de la firma entrarán en contacto con más buenas ideas y contactos útiles.

Incluso dentro de la firma, en especial si se trata de una organización grande y compleja, puede traer grandes recompensas conectar a compañeros gerentes encargados de actividades distintas. Los gerentes que construyen este tipo de puentes son, por naturaleza, más sabios y creativos que quienes no se toman la molestia de conformar relaciones. Estos constructores de puentes tienen más posibilidades de detectar ventanas de oportunidad que pasan inadvertidas para otros gerentes. Todo negocio nuevo comienza al combinar ideas nuevas y viejas, y los gerentes pueden practicar este juego tan bien como los empresarios, incurriendo en menores riesgos y con mayores recursos a su disposición.

¿Cómo se relaciona la idea de superconectar con el Principio 80/20? El cantante canadiense Michael Bublé coescribió en 2009 una canción llamada "Haven't Met You Yet".[44] En ésta, figu-

---

[44] "Aún no te conozco" [N. del T.].

ra la encantadora idea de que aún estás por conocer a la persona más importante de tu vida. La teoría de la superconectividad nos dice que sólo por medio del encuentro con toda suerte de gente descubriremos a la persona o personas, a la idea o ideas, que pueden cambiar nuestra vida. En otras palabras, la experimentación no es lo contrario a la concentración; se trata de un precursor indispensable de la concentración.

Ya hemos visto cómo usar el Principio para mejorar la eficiencia de un negocio por medio de la investigación, y cómo reunir ideas y personas dispares puede incrementar en gran medida tus oportunidades de ganar el premio mayor en tu trabajo. Ahora ha llegado el momento de explorar una tercera vía que también lleva a un desempeño gerencial muy superior. De nuevo, se trata de algo relativamente fácil de dominar; algo muy satisfactorio y que, sin embargo, negamos constantemente: la tutoría.

Vía número tres

El gerente-mentor

La sabiduría es como el dinero:
para ser valiosa, debe circular.
Louis L'Amour

Es humano querer transmitir la sabiduría.
Jack Canfield[45]

"Tutorar" y "ser tutorado" son sólo términos sofisticados para el acto de enseñar y aprender. En ambos casos se trata de algo muy personal. Piensa en los trabajos que has tenido —incluyendo diversos puestos dentro de una misma firma— y pregúntate qué aprendiste en cada uno y cómo sucedió. Existen buenas probabilidades de que tus lecciones más valiosas hayan venido de un jefe o colega.

En mi caso, lo anterior es verdad. Mi primer trabajo como subgerente fue en la refinería Shell. Me disgustaba, pero aprendí algo de una persona. Un tipo llamado Dan Rawlinson era fanático de Peter Drucker, quizá el mejor escritor en el ámbito de los negocios. Dan transformó la refinería al introducir el programa llamado "Gerencia por objetivos", basado en la filosofía de Drucker (que, de manera curiosa, pienso vale la pena revivir). Drucker propuso que cada gerente debía: escribir una lista de sus objetivos para el año, concentrándose en los que generarían resultados más productivos; hacer que los objetivos fueran aprobados por su

---

[45] Jack Canfield y Janet Switzer, *The Success Principles: How to Get From Where You Are to Where You Want to Be*, HarperCollins, Nueva York, 2005.

jefe; ser juzgado simple y enteramente en función de si se alcanzaron o no los resultados especificados. Dan me enseñó la importancia de pensar en términos de *resultados*, no de actividades. En cuanto me quedó clara esa idea, me fui.

Me cambié a un negocio de alimentos para mascotas propiedad de los hermanos Mars. Ahí asumí la responsabilidad de realizar la encuesta anual sobre sueldos pagados por las firmas locales. Sea lo que fuere, muy pocas de estas empresas respondieron a mi cuestionario, de modo que le dije a mi jefe, un dinámico escocés llamado David Drennan, que la encuesta era inútil. No quedó impresionado y me dijo que llamara a los departamentos de recursos humanos de las empresas que no habían respondido, que fuera a verlos e hiciera lo que pudiera para conseguir sus rangos de sueldo. Después de algunos problemas, terminé divirtiéndome bastante al visitar gente y obtener sus datos. Así logramos concretar la encuesta más exhaustiva en la historia de la compañía. David me demostró lo que se podía lograr, y lo hizo poniéndome un cohete en la silla; desde entonces, he enseñado a incontables jóvenes la misma lección.

Un buen amigo, el autor del *best seller The Dream Manager*, Matthew Kelly, dice que la mayoría de nosotros quiere un gerente-mentor, incluso cuando no lo admiten. Él suele relatar una historia inspiradora que surge de la época en que trabajó como consultor para una gran empresa manufacturera.

La historia de Matthew Kelly[46]

Mi labor consistía en mejorar la productividad de varias plantas. Integré un equipo con siete gerentes que trabajaban para el cliente, de modo que el trabajo tuviera continuidad cuando yo me fuera. Viajamos de planta en planta durante dos semanas antes de montar un cuartel de guerra en la sede de la compañía.

---

[46] Muchas gracias a Matthew Kelly por contribuir con su historia para este libro.

Algo deben tener los consultores. Tal vez nos vistamos diferente o tengamos un olor peculiar, porque cuando hablamos con los empleados dicen cosas que exhiben los problemas con toda claridad. Escuchamos dos cosas una y otra vez. Las cabezas de las plantas nos preguntaban: "¿Qué hicimos mal? Aquí sólo viene gente de la central cuando hemos hecho algo malo." Entretanto, en el taller se producían comentarios parecidos al siguiente: "He estado aquí por 20 años y usted es la primera persona de la central que me dirige la palabra."

Compartí estos comentarios con el equipo, pero se limitaron a encogerse de hombros. Se sentían más cómodos discutiendo asuntos técnicos, como el flujo de trabajo de las plantas o la cadena de abastecimiento. El siguiente mes pasamos dos semanas haciendo ajustes al flujo de trabajo de una planta. Ahí la productividad se elevó 12 por ciento en el siguiente trimestre. Volvimos a concentrarnos en el lugar de trabajo y en el equipo. Durante el siguiente trimestre, la productividad subió otro 9 por ciento.

Hicimos esto en nueve plantas a lo largo del año. Los resultados fueron incuestionables. Unos mejores que otros, pero en todos el cliente quedó encantado. Hicieron un cheque bastante jugoso para mi empresa, me dieron la mano y dijeron: "Podemos hacerlo nosotros de ahora en adelante." Durante el proyecto, traté de volver al tema de lo que nos habían comentado los empleados durante nuestras primeras visitas, pero no querían hablar del asunto.

Dieciocho meses después sonó mi teléfono. El cliente me necesitaba de vuelta. ¿Un nuevo proyecto? No. El viejo proyecto. Luego de terminar, la productividad de todas las plantas volvió a su nivel original. Y ahora estaba debajo de dicho nivel.

Formulé al presidente ejecutivo las preguntas simples por las que pagan a los consultores enormes sumas:

"¿Qué ha cambiado?"

"Nada."

"¿Modificó algo de lo que implementamos?"

"No."

"¿Existe algún nuevo competidor en el mercado?"

"No."

"¿Recibe el equipo mantenimiento regular?"

"Sí."

"¿Qué me dice del estado de ánimo de los trabajadores en las plantas?"

"No sé."

Cuando dijo eso, pregunté:

"¿Cuándo fue la última vez que visitó alguna de las nueve plantas?"

"No estoy seguro."

Le pedí que aventurara una cifra.

"Hace nueve meses, tal vez."

La verdad es que conocía todas las respuestas antes de formular las preguntas.

Cuando el equipo estuvo en las plantas hablando con los trabajadores de la línea de producción y los gerentes, preguntando sobre el trabajo, las anécdotas de su vida y qué podía hacerse para ayudarlos a hacer mejor su trabajo, el nivel de energía era increíble. Se podía sentir la diferencia entre el primer día que estuvimos ahí y ese momento.

¿Cuál era la diferencia?

Nos interesábamos en ellos.

La gente es la gente. Desarrolla una comprensión básica de la persona o fracasarás. Y una de las principales motivaciones de todo ser humano es ésta: cuando la gente se interesa en nosotros, prosperamos.

El gerente-mentor se interesa por su gente.

Cuando trabajamos en esas plantas, nos interesábamos en ellas. Los cambios técnicos eran buenos, pero tenían un impacto menor. El verdadero cambio estaba en la gente.

De modo que cuando fuimos a las plantas por segunda vez, logramos que los ejecutivos de la oficina central escucharan lo que los trabajadores y gerentes de las plantas decían. También procuramos que se formaran vínculos dentro de las plantas y entre ellas; organizamos equipos por proyecto que incluían a los operarios de la línea de producción, para mejorar el desempeño de las plantas y hacer que los trabajadores circularan. También organizamos programas de tutoría. Así mejoramos una vez más los aspectos técnicos, pero también aprovechamos la energía, ideas y motivación de la gente de las plantas, de modo que los consultores externos no fueran de nuevo necesarios y el mejoramiento de la productividad se convirtiera en una forma de vida.

Todos desean que otros pongan atención en ellos y en su trabajo. No importa qué tan viejos o jóvenes seamos, qué tan interesante o repetitivo sea nuestro trabajo o cuál nuestro nivel educativo: todos queremos que se interesen en nosotros y en nuestro trabajo. Sin embargo, la mayoría de las personas no reciben cuidado genuino, atención y apoyo. Y ni siquiera hemos comenzado a hablar del desarrollo personal y profesional del individuo.

Nadie destaca sin un mentor o entrenador, incluso si dichas personas no son llamadas así. Claro, puedes avanzar algo valiéndote de tus propios medios; pero para alcanzar la excelencia y mantener alto el desempeño, los humanos necesitan entrenadores y mentores. En los últimos 40 años, ningún atleta ha asistido a los juegos olímpicos sin un entrenador. ¿Por qué? Porque los entrenadores aportan experiencia e ideas. Pero quizá la razón más importante es que animan a los competidores.

¿Quién anima a tu gente? Si no eres tú, es posible que nadie lo haga. Si no sucede, tu equipo está a kilómetros de alcanzar todo su potencial.

Y alentar a tu equipo es sólo una parte de lo que significa ser gerente-mentor.

La mayoría de los gerentes obtienen su trabajo actual porque se desempeñaron bien en el anterior. Pero eso no significa que serán buenos gerentes; y por lo general, no lo son. Muchos piensan que, una vez que la persona se hace gerente, todo gira a su alrededor. Pero es lo contrario. El día que alguien llega a ser gerente, las cosas ya no son sólo de él o ella, sino de la gente a la que sirve en su nuevo papel.

Puede que hayas sido excelente en tu último empleo pero, ¿cuántas veces nos hemos enterado de estrellas de los deportes que se retiran y hacen un pésimo papel como entrenadores? No serás un buen entrenador sólo por haber sido un buen jugador.

Cualquiera puede elaborar un presupuesto o un documento de estrategia, pero el trabajo real debe hacerse con la gente. A pesar de todos los avances tecnológicos de los últimos 50 años, la gente sigue siendo elemento central. En ambas partes de toda transacción financiera encontrarás personas. Y ellas son el hueso más duro de roer en cualquier negocio. Pasarás la noche pensando en problemas de personas más que en números o estrategia.

Toda la vida he tenido la tremenda fortuna de contar con guías y mentores fabulosos. En mi caso, la diferencia ha consistido en que tuve a personas que se tomaron la molestia de interesarse por mí. Mis padres fueron los primeros en hacerlo; después mis hermanos mayores. Mi primer jefe, cuando sólo tenía 12 años, puso un interés excepcional en mi desarrollo. Tengo una larga lista de excelentes maestros de escuela, entrenadores de soccer, tenis, nado, cricket, golf... todos se interesaron y me alentaron.

De modo que la pregunta es la siguiente: ¿estás dispuesto a invertir en *tu* gente?

Su crecimiento importa más que el *marketing,* la estrategia, las finanzas, las capacidades técnicas, el conocimiento de la industria o del cliente. Si no lo crees ahora, aprenderás después la lección, pero a un costo muy alto.

Las mejores personas siempre buscan un mentor. Claro que quieren escuchar sobre tus éxitos, pero también aprenderán bastante de tus fracasos.

Hace un par de años, escuché a un alto ejecutivo de Procter & Gamble que hablaba a un grupo de personas. Me intrigó el hecho de que eligió hablar del peor momento de su carrera. (No mucha gente hace públicos sus errores.) Había presionado a su grupo para ajustar un aumento de precios cuando algunos indicadores sugerían que no debía hacerlo. La mayor parte de su gente se oponía al aumento, pero él se impuso. Poco después, perdían participación en el mercado.

Aun así, el ejecutivo tuvo el valor de reunir a su equipo para admitir su error: "Estaba equivocado", dijo. "Muchos de ustedes trataron de hacerme entrar en razón. No los escuché. Lo siento." Luego pidió a su equipo que redoblara esfuerzos para arreglar el problema. No trató de minimizar la magnitud de lo que pedía: sería un trabajo enorme para una división de ese tamaño.

Su gente no dudó. Se dedicaron a lograr el objetivo con increíble energía y resolución. En dos años recuperaron su cuota de mercado. Luego la aumentaron y llegaron a dominar el sector.

¿Piensas que el jefe perdió respetabilidad por admitir su error? No. Al contrario. Cuando nos presentamos vulnerables, damos a la gente permiso de ser humana. Y eso nos alienta para recuperarnos y tener éxito de nuevo.

De modo que no debes presentarte como si fueras infalible. Comparte tus éxitos, pero también muestra apertura en tus fracasos. Piensa en tu carrera y descubrirás que tus mejores jefes fueron, invariablemente, gerentes-mentores. Se interesaron por ti y por todas las personas que conformaban su equipo. Se comprometían a alentar a su gente. Y eran francos y honestos no sólo respecto de lo que funcionó para ellos, sino también en relación con lo que falló.

Cómo convertirte en un gerente-mentor

Espero que las palabras de Matthew te inspiren para convertirte en un gerente-mentor. Tendrás que invertir esfuerzo y determinación para hacer que las cosas sucedan, pero puedes estar seguro de que los resultados valdrán la pena. Al convertirte en un mentor mejorará la salud de tu organización, se multiplicarán los talentos de tu gente, serás más humano e incrementarás el placer que te brinda tu trabajo.

He aquí algunas formas en que el Principio 80/20 se aplica a la tutoría:

- Menos de 20 por ciento de los gerentes son buenos mentores. Sin embargo, este pequeño grupo probablemente representa más de 80 por ciento de la diferencia en desempeño atribuible al factor humano. ¡Eso es muy significativo!

- La tutoría es un buen ejemplo de cómo una pequeña cantidad de energía puede producir resultados sorprendentes. Dado que la gente desea atención, dirección y aliento, unos minutos de tu tiempo pueden motivarlos durante toda la semana laboral. Ser mentor es una actividad 80/20 por excelencia. Obtienes un retorno enorme por cada dólar o peso invertido. La gente piensa que ser mentor es un trabajo difícil. Tienen razón en un sentido, porque en efecto tiene un impacto tremendo, pero se equivocan si creen que se trata de un trabajo abrumador, que requiere de mucho tiempo. Cinco minutos aquí y allá, en el momento apropiado y con los niveles correctos de empatía e intensidad, pueden hacer toda la diferencia.

- Es probable que logres los mejores resultados con el menor esfuerzo si hablas a tu gente sobre el Principio y las 10 vías para convertirte en un gerente supereficiente. Pero no hables de teorías: espera hasta que alguna de las 10 vías abra maravillas para ti y luego comenta el asunto. Comparte qué tan fácil (o difícil) fue lograr la maestría en esa vía y la satisfacción que sientes al controlar tu carga de trabajo. Discute con cada persona cuál de las 10 vías deben emprender primero. Pregunta cómo piensan comenzar: ¿qué actividades prácticas realizarán? Luego, pregúntales cada semana cómo van las cosas. Si no están funcionando, pasa unos cuantos minutos de vez en cuando ajustando las cosas hasta que vuelvan al buen camino. Si ayudas a que sólo uno de tus colegas se convierta en un gerente 80/20, multiplicarás su valía de por vida.

- Procura que toda persona para la que seas mentor esté de acuerdo con ser a su vez mentora de otras dos personas de la firma. Si la gente a la que ayudan hace lo mismo, pronto tendrás una montaña de mentores. Y, por supuesto, el impacto será todavía más profundo si enseñas a tus "sub-mentores" a usar las 10 vías con los colegas a los que ayudan.

- Procura que el aumento del desempeño de la gente que conduce sea parte importante de la evaluación de tus gerentes. De hecho, procura que esto se implemente en los sistemas de evaluación de la empresa. Si no lo puedes hacer oficialmente, que sea de modo informal. Siempre que discutas sobre desempeño con tu gente, toca el tema también con las personas que ellos tienen a su cargo. Si no ha habido una mejoría, invita al mentor a reflexionar en torno a la razón. Es necesario reconocer qué falta hacer o qué se ha hecho de manera inapropiada.

- El Principio sugiere que sólo habrá unos pocos mentores realmente buenos en cualquier firma, y sus resultados pondrán a los demás bajo su sombra. Por tanto, identifica a los grandes mentores y analiza a detalle lo que hacen. Si no lo descubres, pregúntalo directamente. Si tu interés es genuino, se sentirán halagados y/o impresionados. Cuando te hayan contado su secreto, imítalos.

- No todos se mostrarán igualmente receptivos. A todos nos gusta la atención, pero no todos captarán el mensaje. No sólo se trata de sentirse apreciado sino de obtener resultados extraordinarios. Tres grupos de personas suelen beneficiarse más que otros de la tutoría: quienes tienen sed de conocimiento sobre cómo superarse; los gerentes que ya hacen bien las cosas; los que saben que no lo están haciendo muy bien. En el caso de la gente que lo hace bien, entrénala para que se concentre en sus habilidades, de modo que alcance su máximo nivel y potencial. Aliéntalos para que desplieguen toda su personalidad, sus caprichos y pasiones, de modo que integren estos aspectos para llegar a la excelencia. Para los que no van muy bien, deberás detectar el momento en que hagan algo bueno para elogiarlos. Esto convertirá a una llama casi extinta en una fuente de luz. Todos hacemos algo realmente bien, sólo se trata de descubrir qué es. También debes identificar las *pocas* cosas que hacen y resultan más dañinas para ellos y sus colegas. Luego ofrece consejo sobre cómo eliminarlas o mejorarlas. Es más fácil dejar de cometer algunos errores que lograr una mejoría generalizada de buenas a primeras.

- Debido a que estos tres grupos: los que desean intensamente tener un mentor, los que ya hacen las cosas bien, los que las hacen mal, obtendrán los mayores beneficios de la tutoría intensiva, dedica la mayor parte de tu esfuerzo a ayudarlos. En la mayoría de los casos, esto consumirá muy poco de tu tiempo, pero es vital interesarse realmente por estos individuos y su desempeño. Si te preocupan en verdad, tu sexto sentido te dirá cuándo y dónde debes intervenir algunos minutos. Si no te importan, ser mentor se convierte en una obligación, una actividad más de tu lista diaria y harás más mal que bien. La gente no es idiota. Sabe cuándo haces algo de modo automático. Para ser un gran mentor debe interesarte de verdad la gente.
- Algunas de tus intervenciones funcionarán mejor que otras. Esto quizá obedece a que hay días en que uno se

siente más inspirado. Pero por lo común tu intervención coincidirá con el momento en que tu colega necesite más ayuda, dirección o aliento necesita. Así que, si deseas hacer un mejor uso de tu tiempo y energía, capta las pequeñas señales que la gente envía cuando necesita consejo, cuidado y guía.

Cómo encontrar grandes mentores

La tutoría es una actividad 80/20, pero lo mismo aplica para quien es conducido o asesorado. No importa quién seas, el empleado más humilde, el director de una corporación multinacional o el presidente de Estados Unidos, todos necesitamos apoyo y consejo, es decir, mentores. ¿Quiénes son los tuyos? Si no puedes pensar en ninguno, ha llegado la hora de hacer algo al respecto.

He aquí algunos consejos que te ayudarán a conseguir y conservar a un mentor verdaderamente bueno:

- Prefiere la calidad y no la cantidad. Un mentor extraordinario vale por cinco muy buenos.
- No temas preguntar a la persona que quieres que sea tu mentor, incluso si se trata de alguien muy importante u ocupado y no encuentras razones que te indiquen, aceptará el papel. Como escribe Jack Canfield: "La gente exitosa gusta de compartir con otros lo que ha aprendido… No todos tendrán tiempo para ser mentores, pero muchos lo harán si se los pides."[47] No te limites a tu empresa, industria o país. Los mentores a distancia funcionan sorpresivamente bien.
- Una vez que hayas encontrado mentor, no solicites mucho de su tiempo. Procura que el proceso sea lo más sencillo posible para ellos, pero no debe darte pena pedir ayuda

---

[47] Canfield, *op. cit.*

cuando la necesitas. Todo buen mentor sabe para qué está ahí; y se sentirá desilusionado si no le pides ayuda en un momento crítico.

- Escucha atentamente. Los mejores mentores pueden no ser muy claros en lo que dicen. Pocas personas son honestas de modo franco y abierto, así que aprende a leer entre líneas. O pide que te expliquen las cosas con más amplitud.

- El mejor consejo resulta inútil si no actúas en consecuencia. Haz que el consejo trabaje *inmediatamente*.

- Si tu mentor te ayuda a convertirte en un gerente supereficiente, integra su consejo a cualquiera de las 10 vías elegidas para dominar. Las acciones son mucho más potentes cuando hay un contexto claro; me refiero a un esfuerzo concentrado en resultados específicos, más que a aspiraciones misceláneas. Así que habla a tu mentor de las 10 vías y de la elegida para perfeccionarte. Esto puede ayudarlo incluso a ser un gerente más eficiente (¡y también un mejor mentor!)

- Da algo a cambio. Actualmente soy mentor de un australiano que tiene veintitantos años, Luke Stone. Él me buscó tras leer mis libros. Pasada la primera conversación, me envió dos DVD de oradores inspiracionales. Luego, hace una semana, siguió en esta línea y me mandó el libro de Jack Canfield: *The Success Principles* (que acabo de citar). Pensé que ya conocía todo ese material, pero estaba equivocado. Luke me presentó ángulos del asunto que no habría hallado sin su ayuda.

Cómo ser mentor al estilo 80/20

Ser mentor y ser tutorado o conducido son actividades 80/20 porque son muy disfrutables y satisfactorias, porque proveen de enormes recompensas a cambio de una muy pequeña inversión en tiempo y esfuerzo. Los negocios son una actividad de tipo social, y el éxito en ellos depende de las ideas y de la visión. Al dar y recibir ideas, al dar y recibir apoyo cuando más necesario resulta, ayudará a que lleves tus asuntos (y los de amigos y colegas) a nuevas alturas. Eso convierte a la tutoría no sólo en la más sencilla de las 10 vías, sino en la más dulce. Qué extraño resulta que, por lo regular, sea tan poco valorada.

¿Cuál de las tres vías presentadas hasta el momento —la investigación, la superconectividad y la tutoría— se ajusta mejor a tu personalidad y aspiraciones? Piensa cuidadosamente en cada una de ellas, pero aún no tomes una decisión porque existe una cuarta vía relativamente sencilla que brinda resultados extraordinarios: el gerente apalancado.

Vía número cuatro

El gerente apalancado

Dame un punto de apoyo y moveré al mundo.
Arquímedes

Puede que no logres mover al mundo con una palanca comprada en la ferretería de tu colonia, pero la que propone esta vía puede mover una gran piedra sin sudar una gota. En este capítulo hablaremos de las siete palancas que los gerentes pueden utilizar para magnificar su impacto.

El valor de las palancas es muy bien ilustrado por el protagonista de los libros de misterio de Donna Leon.

El comisario Guido Brunetti es un detective poco común. Puedes encontrarlo a bordo de un moderno y veloz tren acompañado por un brandy a las diez de la mañana o en un bar cercano a la estación central de policía, en Venecia. Por lo regular, camina a casa para el almuerzo, durante el cual comparte una botella de buen vino con su esposa Paola, una maestra. Después de realizar investigaciones ligeras por la tarde (haciendo siempre una pausa para detectar las peculiaridades de la atmósfera local), regresa a casa para cenar y disfrutar de otra conversación estimulante con Paola y sus dos hijos.

A pesar de su manera de beber, Brunetti es eficiente. Resuelve hasta los más difíciles casos de homicidio —incluyendo algunos que no le han asignado— aunque, naturalmente, siempre requiere de trescientas páginas para hacerlo.

¿Cómo lo logra? Al igual que los buenos gerentes 80/20, piensa mucho antes de actuar. Rechaza las respuestas obvias y se interesa por cuestiones significativas que parecen no tener sentido. (Estas reflexiones suelen ser las partes más discursivas, fascinantes y sorpresivas de las novelas.) Hasta ahora, nada lo diferencia de muchos detectives de ficción modernos. Pero el comisario tiene una palanca no disponible para ninguno de sus colegas, puesto que Guido es el único que comprende los misteriosos poderes de la secretaria de su jefe, la *signorina*[48] Elettra, quien puede intervenir casi cualquier base de datos en Italia. En *A Question of Believe*, por ejemplo, Guido, para quien el ciberespacio es un completo misterio, recibe información muy valiosa de Elettra que le ayuda a resolver el caso. De hecho, ella funciona como palanca en todas las novelas recientes de Brunetti, permitiendo que Guido logre resultados excepcionales con el esfuerzo que pone en cada caso.

Por supuesto, la palanca no sólo es un gran motivo para los escritores de misterio. Es igualmente útil para los gerentes 80/20. No sugiero que invadas computadoras ajenas; dejemos eso a los medios o a la policía. Pero sí debes utilizar cuantas palancas puedas. Al decir "palanca", me refiero a cualquier artículo simple que multiplica tu esfuerzo para lograr resultados extraordinarios a partir de un esfuerzo ordinario.

Siete palancas que te llevarán a obtener grandes resultados:
Interés por las cosas y el poder del subconsciente
Fe
Ideas
Decisiones
Confianza
Gente
Dinero

---

[48] En italiano en el original [N. del T.].

Interés por las cosas y el poder del subconsciente
El interés por las cosas y el compromiso son tan obvios que su impacto suele pasarse por alto. Cuando no nos importan las cosas en verdad, nos perdemos de claves vitales que llevan a grandes descubrimientos. El interés hondo que surge cuando existe la determinación de lograr una meta, opera de modo constante, pues funciona incluso mientras nuestra mente se encuentra en otra parte. Probablemente te haya sucedido que una idea irrumpe de pronto en tu cabeza al parecer sin motivo o razón. Pero eso sólo sucede cuando algo te importa mucho.

Los experimentos han demostrado que el pensamiento consciente es más efectivo cuando sólo existen pocos datos por relacionar; por ejemplo, miro un mapa, veo dos rutas y elijo una.[49] El subconsciente es mejor para resolver los problemas verdaderamente interesantes, que la información ambigua, compleja y confusa. En esos casos debemos procesar múltiples evidencias e impresiones provenientes de muchas fuentes contradictorias, usando la información de todos nuestros sentidos y emociones, así como también de la razón.

Por ejemplo: el pensamiento racional es incapaz de decirte si debes comenzar (o terminar) una relación personal, pero el subconsciente sí puede hacerlo. Funciona con cualquier problema importante para nosotros, opera de forma lenta pero segura hasta que, en su momento, inunda la conciencia cuando menos lo esperamos. El filósofo Bertrand Russell tuvo una de sus ideas revolucionarias mientras compraba una lata de tabaco para pipa. Henri Poincaré, el gran matemático francés, resolvió un problema complejísimo que lo había retado durante años mientras abordaba un camión hablando de algo por completo distinto.

El subconsciente se ajusta perfectamente al Principio 80/20. Es económico, pues trabaja gratis mientras te concentras

---

[49] Ap Dijksterhuis y Loren F. Nordern, "A Theory of Unconscious Thought", *Perspectives on Psychological Science*, número 1, 2006, pp. 95-109.

en cosas más mundanas. Brinda ideas frescas, creativas y extrañas que no verían la luz si te limitaras a tus laboriosos procesos de pensamiento lineales. No obstante, la mayor parte de los gerentes no usan plenamente la palanca del inconsciente porque no se interesan en los problemas que éste resuelve.

¿Alguna vez has oído de alguien que se despierta a media noche con una perspectiva nueva y emocionante relacionada con algo que no le interesaba realmente? Sin embargo, qué maravilloso es cuando el subconsciente reconcilia lo irreconciliable, nos da la pieza que falta del rompecabezas, trasciende la conciencia para encontrar una explicación bella y del todo inesperada a un problema en apariencia insoluble. Si has experimentado esa sensación, sabrás que es casi mística (y muy placentera).

De modo que: ¿cuánto te importa *realmente* tu trabajo y tu empresa, en una escala del uno al 10? Sé honesto. Ahora compara tu respuesta con otros aspectos de tu vida. Si eres un padre con hijos jóvenes, probablemente les asignarás un 10. Tu salud o tu vida emocional también pueden representar un nueve o un 10. Si no das a tus objetivos laborales una calificación igualmente alta, no te preocupes por ellos. La mayoría de los gerentes otorgan al aspecto laboral una calificación que va del seis al ocho, lo que no basta para que el subconsciente entre en acción, de modo gratuito e invisible, así que no se alcanzan los extraordinarios resultados y beneficios de un esfuerzo mínimo.

El interés genera su propia energía. Cuando el gran coreógrafo George Balanchine estaba entrando en la madurez plena, dijo: "Tengo más energía que cuando era joven, porque sé exactamente qué quiero hacer." Le interesaba algo muy específico: convertirse en el mejor coreógrafo. El interés se relaciona estrechamente con el significado, que a su vez lleva a la felicidad. Tu vida tiene significado si te interesa algo apasionadamente, y ningún sentido si no tienes pasiones. Si no te interesa lo que ocupa por lo menos la mitad de tus horas de vigilia, estás medio muerto. Sólo vives la mitad de la felicidad que podrías vivir.

Si, al igual que la mayoría de la gente, das a tu trabajo una calificación global de seis, siete u ocho, identifica algún aspecto menor e individual de tu vida laboral que tenga mayor significado para ti (un nueve o un 10). ¿Es posible cambiar de trabajo dentro de tu propia firma para invertir todas tus horas laborales en eso? Incluso, si no existe esa posibilidad por el momento, tal vez convenzas a tus jefes de que es necesario crearla. Si un aspecto menudo de tu vida laboral cuenta con 80 por ciento o más de tu pasión profesional, trata de que este porcentaje constituya 100 por ciento de lo que haces. Piensa en cuánta diversión tendrás y en lo eficiente que llegarás a ser.

Ahora puedes empezar a usar plenamente tu fantástico procesador de pensamiento inconsciente. Mantenlo bien alimentado, de modo que siempre trabaje en segundo plano. En cuanto resuelva un problema complejo —por supuesto me refiero a algo que te interese hondamente— mándale otro. Esto se convierte en un círculo virtuoso que te asegura que siempre te interesará algo y el proceso seguirá funcionando sin esfuerzo alguno.

Cuando era estudiante, me dijeron que leyera cuidadosamente todas las preguntas del examen antes de redactar mi primera respuesta. Esto daba a mi inconsciente la oportunidad de comenzar a ordenar la información requerida para todas las respuestas. Asimismo, es buena idea hacer una lista de seis preguntas dirigidas a tu subconsciente para trabajar en ellas. De esta manera, no perderás tiempo en pasar a la siguiente pregunta una vez resuelta la primera.

Entonces, el subconsciente puede ser una palanca magnífica, pero sólo si te interesas con pasión por lograr tus objetivos en el trabajo. Si no estás interesado, las cosas no superarán la apatía habitual.

Fe
El apalancamiento también proviene de la fe, que logra lo que otros ni siquiera intentan.

Hay una historia verdadera sobre un puñado de soldados que se perdieron durante un entrenamiento en los Alpes y quedaron separados del resto de su batallón. La nieve los desorientó. Cada cima se veía igual. Discutieron sobre qué dirección seguir. La luz del sol se agotaba. Tenían frío, hambre, miedo y pocas oportunidades de sobrevivir en la gélida noche. Luego sucedió un milagro. Uno de ellos encontró un mapa en el forro de su mochila. Se las arregló para encontrar la ruta, señaló la dirección a seguir y todos marcharon hacia la base. Cuando ya habían comido y gozaban de una temperatura cálida, el soldado miró detenidamente el mapa. Era un mapa de los Pirineos, a cientos de kilómetros de distancia.

Otra maravillosa historia verdadera se relaciona con el desarrollo de la primera computadora fácil de usar. En diciembre de 1979, Steve Jobs y el ingeniero que trabajaba como jefe de producto, Bill Atkinson, quedaron muy impresionados al visitar las instalaciones de Xerox conocidas como Xerox PARK. Allí conocieron las características de una nueva generación de computadoras personales, incluyendo la de escritorio, los íconos, el ratón, la clave de usuario y las "ventanas" que organizaban archivos y programas semejantes. Al retirarse de las instalaciones, Atkinson estaba fascinado por la idea de que las ventanas se sucedieran sin problemas (lo cual damos por hecho hoy en día), de modo que la página que debías leer a continuación aparecía después de la que acababas de leer. Esto era algo que ninguna computadora había logrado antes porque, aunque la idea era simple, resultaba en verdad difícil de desarrollar. Sin embargo, Atkinson pensó que si los científicos de Xerox podían hacerlo, ellos también lo lograrían, siempre y cuando invirtieran tiempo y esfuerzo. Y así fue.

El detalle era que el equipo de Xerox no había logrado esto todavía. Estaban asombrados cuando vieron las ventanas sucesivas de Atkinson, porque se trataba del santo grial que no habían hallado. Atkinson atribuyó su éxito al "poderoso aspecto de la ingenuidad... no sabía que no podía hacerse, y por eso fui capaz de hacerlo."[50] Para decirlo de otro modo, lo hizo porque confiaba en que ya se había logrado.

La fe tiene la capacidad de generar un campo de fuerza súper-positivo, con energía salvadora que desafía la imposibilidad gracias a su ingenuidad. Nos permite experimentar júbilo y una pasión arrolladora. Nos confiere vigor y la capacidad de aprovechar las oportunidades que, de otro modo, parecerían imposibles de lograr o ni siquiera advertiríamos.

La seguridad proviene de la visualización del éxito. Visualízate ganando, y luego hazlo. Si no puedes imaginar el éxito en todos los niveles, baja tus expectativas. Si no puedes correr colina arriba, hazlo en terreno plano. Lo que importa es visualizar el éxito. Incluso las victorias modestas pueden generar la fe que te ayudará a hacer mejor las cosas en la siguiente ocasión. Proponte metas que estés seguro de cumplir. No olvides que la confianza hace fácil la vida, en tanto que la falta de fe hace que todo parezca difícil o imposible. Por consiguiente, debes tener fe para lograr grandes resultados por medio de un esfuerzo ordinario. Experimenta con diversas labores hasta que descubras tu "campo de fe".

Ideas

Todo negocio empieza con una idea. Y esa idea tiene que ser buena. Pero todas pueden ser mejoradas. A menos que muera, cualquier producto o servicio cambiará inevitablemente y mejorará. Antes de que eso suceda, habrá una idea mejor o diferente.

Este ciclo se parece mucho a lo que sucede en la naturaleza. Podemos rastrear la evolución por selección natural en todo negocio. Millones de nuevas ideas de negocios surgen cada año, pero muy pocas sobreviven para convertirse en un producto o servicio. Lo hacen las que se adaptan mejor a sus respectivos mercados, pero no por mucho tiempo. ¿Por qué? Porque son reemplazadas por otras que llevan a mejores productos. El mundo de los

---

[50] Isaacson, *op. cit.*, p. 100.

negocios constituye un proceso acelerado de selección natural. Las especies evolucionan durante millones de años. Los nuevos productos llegan a la madurez con el paso del tiempo. Las especies se extinguen. Los productos mueren en meses o años.

La evolución representa el Principio 80/20 operando a lo largo del tiempo. El gran economista Joseph Schumpeter llamó a este proceso la "destrucción creativa", una frase que bien pudo acuñar Charles Darwin. La naturaleza exhibe ejemplos de destrucción creativa, y lo mismo sucede en el ámbito de los negocios. En la naturaleza, el proceso opera por medio de genes, que mutan al azar y generan versiones mejores y peores de ellas mismas. En este sentido, "mejor" significa "con mayores posibilidades de sobrevivir en su medio". Las especies que mejor se adaptan, desplazan a las que no lo hacen bien. En los negocios, la destrucción creativa opera por medio de ideas para generar nuevos negocios y productos. Cada idea genera un producto que se encapsula a sí mismo permitiéndole ser distribuido ampliamente, al igual que los genes crean criaturas para alojarse y propagarse.

Pongamos a la transportación como ejemplo. En la era de piedra, sólo se podía viajar caminando o corriendo. No existía el "negocio del transporte". Luego emergió lentamente un mercado para los viajes. Unos cuatro mil años antes de Cristo, alguien en Asia Central tuvo la brillante idea de domar caballos y montar en sus lomos. Inicialmente, los caballos eran pequeños y sólo cargaban a niños y adultos bajos. Luego alguien pensó: ¿por qué no criar caballos más grandes que puedan llevar adultos y carga? Un nuevo producto evolucionó: el caballo grande. Ideas posteriores crearon nuevos mercados para estos animales: arados para ser movidos por los equinos, caballos de guerra, de carreras y demás. Conforme las nuevas ideas crearon mercados mayores y más diversificados, la población mundial de caballos creció para satisfacer la demanda. Otros dos mil años más adelante y alguien dio con una idea brillante: el carro. Y esto evolucionó hasta convertirse en el carruaje de cuatro ruedas tirado por un grupo de caballos.

Después, en el siglo XIX, apareció en Francia el velocípedo ("pie rápido", el antecesor de la bicicleta). Esto dispuso el camino para la siguiente ola de innovación en el transporte. Los ciclistas procuraron nuevos y mejores caminos, que en su momento alentaron el desarrollo de una nueva máquina más rápida y sofisticada: el vehículo automotor. En 1885, en Mannheim, Alemania, Karl Benz construyó el primer auto movido por un motor de petróleo. Sólo dos décadas más tarde, en 1908, Henry Ford juró "democratizar el automóvil" vía un diseño automotriz mucho más barato y estandarizado. Desde entonces, hemos sido testigos de la proliferación de autos mejores, más baratos y poderosos, así como de camiones, camionetas diversas como "pick up" o minivans, coches deportivos, para usos diversos, motocicletas y motonetas, por no mencionar otras formas de transporte como los barcos de vapor, los botes de motor fuera de borda, los buques-tanques, los aviones y muchos otros.

Cada una de estas nuevas y mejoradas máquinas comenzó con una idea. Y conforme las ideas se multiplicaron, lo hicieron también la producción y las ventas. Los productos fantásticamente exitosos, como el Modelo T de Ford, se vendieron hasta llegar a decenas de millones de unidades… pero luego murieron a causa de los nuevos diseños, al igual que sucede siempre.

Las ideas son la fuente última de apalancamiento humano. Nos han permitido conquistar a la naturaleza, librarnos del hambre, la muerte temprana y el aislamiento. El mundo actual se define por la profusión acelerada de más ideas útiles, que se concretan en productos mejores y más baratos.

No obstante, a lo largo de la historia unas pocas ideas han sido mucho más útiles que el resto. El truco está en identificar estas *ideas 80/20*, que nos brindan más por menos: más desempeño, comodidad, satisfacción y gozo por menos energía, dinero, trabajo y tiempo invertido.

Así que, ¿cómo se hace esto?

• Recuerda que siempre existe una manera *mucho* mejor de hacer algo. Si la idea no es muchas veces mejor que las anteriores, encuentra una que lo sea. Por ejemplo, en las décadas de los años cincuenta y sesenta, las computadoras eran aparatos imponentes que ocupaban cuartos del tamaño de una cancha de futbol. Cada año se hicieron mejoras, pero cuando yo comencé a trabajar, a principios de los años setenta, las computadoras eran demasiado caras para estar en la oficina de los gerentes. No existía en ningún lugar del mundo un presidente ejecutivo que tuviera una computadora en su escritorio. Fue la invención del procesador (un solo chip que contenía circuitos para los que antes se requerían gabinetes enteros), en 1975, la que hizo posibles las computadoras personales. Si los científicos se hubieran conformado con realizar únicamente cambios marginales a la computadora, en lugar de inventar algo muchísimo más pequeño y barato, tú y yo no estaríamos usando hoy las computadoras personales. De modo que, siempre que busques mejorar algo, procura dar con una idea que mejore diez veces lo disponible.

• Toma una idea exitosa ya existente y aplícala en un contexto distinto. Siempre tarda algo de tiempo. La máquina de vapor transformó la industria algodonera en 1770, pero pasaron 40 años antes de que surgieran los barcos de vapor, y luego transcurrieron otros tres cuartos de siglo para que esa tecnología se adaptara a la producción de automóviles. Las cosas se mueven ahora más rápido, pero no tan rápido como podrías creer, incluso en los sectores "de avanzada". Los proveedores de Internet surgieron a finales de los años ochenta y, para 1995, Internet penetraba en la sociedad. Sin embargo, casi dos décadas más tarde, nuevas ideas para desarrollarse en línea surgieron de la nada cada año. Internet es, por supuesto, una idea 80/20, pues brinda grandes experiencias nuevas y negocios fuera de toda proporción, si se piensa en los recursos necesarios para su operación. Y existen muchas más aplicaciones de Internet que nadie todavía ha siquiera soñado.

* Toma una idea que haya sido exitosa en un país y desarróllala en otro. Red Bull dice ser la primera bebida energética del mundo. Pero, ¿qué tan cierto es eso? En 1962, un gerente de producción austriaco, Dietrich Mateschitz, estaba en Tailandia en un viaje de trabajo rutinario. Se percató de que los ciclistas que manejaban los bici-taxis bebían el mismo refresco mientras pedaleaban. Esa bebida se llamaba Krating Daeng, "Toro Rojo", en tailandés. Mateschitz es hoy, probablemente, el hombre más rico de Austria.

* Combina dos ideas exitosas: la rueda y el caballo; un restaurante especializado en hamburguesas y las franquicias (McDonald's); la grabadora y el radio portátil (*walkman* de Sony); el *walkman* y las descargas de Internet (iPod). No trates de reinventar la rueda: sólo fúndela con otra gran idea.

Por supuesto, no todas las ideas serán revolucionarias en esta escala. Todo gerente 80/20 puede usar ideas relativamente modestas para lograr un desempeño 10 o 20 veces mejor. Esto puede parecer irracional y ambicioso, pero te aseguro que esas ideas existen y están por ahí. Sólo necesitas encontrarlas.

Decisiones

¿Decide un conejo excavar una madriguera? Imagina a Bugs Bunny en una sala de juntas debatiendo con sus asesores si debe o no hacerlo. Por supuesto, Bugs no requiere un informe sobre el proyecto de la madriguera. Actúa por instinto. Sólo los humanos toman decisiones conscientes, y éstas son grandes palancas. Sin las decisiones, navegamos sin rumbo en el mar de la vida. Con decisiones, nos sumamos a la resolución de cambiar el mundo que nos rodea. Si somos decididos, bien podríamos tener éxito. Si somos indecisos, nunca lo tendremos.

Hoy en día, tomamos muchas más decisiones en comparación con nuestros antepasados. Y mientras más creces, más decisiones tomas.

Usa la palanca tomando decisiones firmes, especialmente en el caso de las contrarias a la intuición, sin precedentes o valientes. Éstas son las decisiones 80/20:

- Las decisiones contrarias a la intuición. Confía en el Principio 80/20 y ponlo en práctica. Toma decisiones sobre la base de que una pequeña cantidad de energía (o de personas, dinero, tiempo) brinda beneficios en verdad impresionantes. Por ejemplo, si comes cinco unidades de fruta y vegetales al día, tu salud mejorará de modo significativo a un costo muy bajo. El mismo principio aplica si te ejercitas 30 minutos diarios. En el trabajo, un día y una tarde a la semana libre de correos electrónicos y aparatos móviles, elevará tu desempeño a cambio de casi ningún esfuerzo.
- Decisiones sin precedentes. Decide hacer algo que nadie haya intentado. Incluso si la experiencia resulta equivocada, aprendes mucho o encuentras una oportunidad inesperada. Cristóbal Colón creyó que el mundo era mucho más pequeño de lo que se pensaba. Calculó que la distancia de España a Japón era de sólo 2 300 millas, de modo que pensó recorrerla sin que se le terminara el alimento y el agua. Al embarcarse en su famoso viaje, apostó su vida y la de los marineros que iban con él. Ahora sabemos que la distancia correcta, incluso si se hace la travesía en un círculo perfecto, es de 7 500 millas. Colón y su tripulación no tenían posibilidades de terminar el recorrido con vida. Felizmente, justo cuando comenzaban a terminarse las provisiones, llegaron a las Bahamas. ¿Cuándo fue la última vez que hiciste algo completamente distinto, como

vivir en un país extranjero, cambiar de carrera, aprender una nueva disciplina o dar a tu negocio una dirección por completo nueva?

- Las decisiones valientes. A veces, necesitas valor para tomar la decisión correcta, especialmente si los demás te dicen que cometes un gran error. Por ejemplo, Winston Churchill estaba casi solo cuando, a mediados de la década de los treinta, advirtió sobre la amenaza para la paz mundial que Hitler representaba. Lo ignoraron o lo ridiculizaron, pero su valiente decisión de enfrentarlo le significó ser el único candidato viable para luchar contra los nazis. Entonces, si te embarcas en un proyecto tachado de imposible por todos y tienes éxito, podrías conformar toda una carrera y tener un enorme apalancamiento en el futuro. Por supuesto, debes pensar cuidadosamente antes de tomar estas decisiones para estar seguro de que haces lo correcto.

Tomamos miles de decisiones día a día, pero casi todas triviales. Poco importa si ordenamos una computadora Dell o Compaq, o si organizamos la fiesta de Navidad en un bar o restaurante. De acuerdo con el Principio 80/20, todas, salvo muy pocas vitales, deben tomarse llegando tan bajo en la cadena de mando como sea posible. Así que la próxima vez que surja el espinoso asunto de dónde celebrar la Navidad, delega los arreglos en la persona de menor rango que puedas encontrar (pero competente). Les encantará tener la responsabilidad y evitarás un dolor de cabeza que además requiere de mucho tiempo.

No importa qué tan importante seas, la mayoría de tus decisiones harán muy poca diferencia. Si no me crees, haz una lista de todas las decisiones que tomas en tu trabajo durante un día. Te apuesto a que 10 por ciento de ellas tendrán alguna consecuencia. Por tanto, debes reducir el número de decisiones de negocios que tomas en, por lo menos, 90 por ciento de ellas. Si tu empresa te exige tomar ciertas decisiones, identifica y despacha las triviales tan rápido como sea posible. Invierte más tiempo en las pocas decisiones verdaderamente vitales, en especial las que requieren valor y determinación. Una hora antes de ir a casa piensa todos los días en una decisión vital no considerada todavía; mientras más importante sea, mejor. Asúmela y luego vete a casa.

Las decisiones son excelentes palancas. Son 80/20 porque una buena, tal vez alcanzada tras una hora de reflexión, puede ahorrar meses o incluso años de trabajo duro. Aun así, la mayoría de las decisiones no caen dentro de esta categoría. Son inconsecuentes, triviales. Así que concéntrate en tomar las pocas cruciales que podrían transformar tu negocio y tu vida, y deja el resto pendiente.

Confianza

Todo gerente sabe lo que pasa cuando no confía en un empleado. No le asigna encargos importantes ni responsabilidades de consideración. Su desempeño es bajo, pero tu aporte es alto puesto que siempre estás pendiente de él. Pones 80 unidades de esfuerzo y recibes 20 unidades de recompensa.

Sin embargo, por supuesto que lo contrario aplica cuando confías en un colega. Le das encargos importantes que de otra manera tendrías que hacer tú mismo. Su aporte es alto, pero el tuyo es bajo, puesto que no es necesario supervisar. Obtienes 80 unidades de recompensa por 20 de esfuerzo, o de ningún esfuerzo.

Entre tanto, si tu jefe te tiene confianza, aprendes rápido al trabajar en los asuntos más difíciles. Tu trabajo poco a poco comienza a parecerse al de tu jefe. Tu experiencia y valor aumentan. Ya no estás sometido a la fastidiosa supervisión. Puedes concentrarte en las partes de tu trabajo que te compensan a cambio de poco tiempo y esfuerzo.

No puedes convertirte en un gran gerente a menos que tu jefe confíe en ti y tú en el equipo. La esencia de la confianza es que te concentras en los aportes, no en el esfuerzo, y así permites que tu gente haga lo mismo. En contraste, cuando no confías en alguien, lo juzgas por el esfuerzo: ¿Ha hecho esto? ¿Ha hecho lo otro? De modo que una falta de confianza requiere de constante supervisión, lo que hace las cosas en extremo ineficientes. Es la antítesis de la perspectiva 80/20. Como resultado, si no confías plenamente en un individuo, ni tú ni él podrán practicar la gerencia 80/20.

Para los gerentes que no comprenden el Principio, confiar en los subordinados es deseable, porque saben que es mucho más eficiente. Pero para los gerentes 80/20, la confianza es un prerrequisito indispensable. Simplemente no puedes trabajar sin él. Si no confías en un miembro de tu equipo, necesitas moverlo a otra parte, porque impedirá que te conviertas en verdadero gerente 80/20.

Mientras confíes en todos los miembros de tu equipo y les des mil razones para confiar en ti, tu apalancamiento se incrementará de modo exponencial.

Gente

¿Alguna vez has trabajado en una firma integrada sólo por gente tipo "A", los mejores de los mejores? La mayoría de las empresas, incluyendo las que tienen buena fama, emplean al menos algunos individuos tipo "B" y "C". Pero cuando me uní al Boston Consulting Group, encontré que *todos* los consultores eran muy brillantes. Yo no estaba en su nivel, pero la experiencia me dejó una impresión imborrable. Trabajar de manera exclusiva con gente tipo "A" hace del trabajo un reto constante y fascinante. Muchas veces al día recuerdas lo afortunado que eres al trabajar con tan destacados colegas, y comprendes que, para este equipo, lo que parece imposible es eminentemente obtenible. La vida se hace alegre.

Esto explica por qué firmas como BCG y Apple han sido tan exitosas durante tanto tiempo, a pesar de sus ocasionales crisis y del aumento de competidores que podían haberlos barrido.

Así que: ¿quiénes son las personas tipo "A"?

El 1 por ciento de los empleados, que brindan 99 por ciento del rendimiento valioso.

Rodéate de ellos. Asegúrate de que tu equipo sea reconocido en toda la empresa como un equipo excepcional. Contrata para elevar el promedio de tu equipo, lo que significa contratar a las personas más talentosas que cualquiera de los que ya trabajan contigo, *incluido tú mismo*. (Muy pocos gerentes están preparados para hacer esto, pero los que lo hacen tienden a ser felices y exitosos. No hay momento en que no se consideren afortunados por trabajar con gente de primera categoría.) Invierte la cantidad de dinero —y, más importante, de tiempo, energía y persuasión— que sea necesaria para reclutar a lo mejor de lo mejor de tu industria. Contratar al mejor equipo es tan importante como atraer a los mejores clientes, o tal vez más. Los mejores no serán de mucha ayuda para reclutar al mejor equipo, pero el mejor equipo seguramente será un atractivo para los mejores clientes.

La parte difícil de establecer un equipo de nivel superior es que debes quitar a quienes no sean clase "A". Si son buenos, pero no tanto para pertenecer a tu equipo, trata de moverlos lateralmente en la empresa. Si no dan el ancho, están en el trabajo y/o en la compañía equivocada, así que ayúdalos a enderezar el camino. No es su culpa. Si tú (o tus colegas) los contrataron, es tu culpa. Y, por duro que sea, debes rectificar el error de inmediato. Las mejores firmas y los mejores equipos son también los que tienen estándares más altos. No puedes permitirte una sola excepción. La amabilidad matará a tu amado equipo.

La estrategia de contratar gente tipo "A" es la palanca más obvia que puedes imaginar. Si estás listo para ser honesto e inflexible, es también una palanca muy fácil de operar. Funciona en todo tipo de negocios e industrias, y también en todos los países de la Tierra. Nunca ha fallado. Sin embargo, casi siempre se queda en el tintero porque la mayoría de los gerentes no tiene la ambición y la determinación de rodearse solamente de los mejores. En contraste, los gerentes 80/20 comprenden que esforzarse al reclutar brinda enormes recompensas.

Dinero

Usar el DDO —dinero de otros— da un gran apalancamiento.

Imagina que eres un empresario con una buena idea que podría convertir mil dólares en tres mil, dejándote dos mil de ganancia. Muy bien. ¿Pero puedes operar esa idea en gran escala? Si haces el proyecto 10 veces más grande, puedes convertir 10 mil dólares en 30 mil. El problema es que sólo tienes mil dólares para invertir. Pero si logras convencer a algunos amigos de que inviertan nueve mil dólares, y ofreces compartir las utilidades al 50: 50 con ellos, ganarás 11 mil en lugar de dos mil y tus amigos estarán contentos porque habrán duplicado su dinero.

Los contadores llaman a esto "apalancamiento", y es grandioso cuando funciona tan bien como en el ejemplo mencionado. Sin embargo, en ocasiones, el apalancamiento puede ser fatal para los empresarios, porque aumenta el riesgo y disminuye su control.

Siendo un gerente con una buena idea, debes enfrentar estos problemas. No tienes que sacar el capital de inversión a tus amigos porque el dinero viene de la empresa. Si el proyecto despega, tú también lo harás. Si fracasa, no tendrás que pagar a los inversionistas y aún tendrás trabajo. Así que puedes permitirte pensar en grande. Lanza los proyectos más grandes. Esto hacen los gerentes 80/20. Puede sonar cínico —la empresa acepta el riesgo y tú disfrutas de buena parte de las recompensas— pero, ¿no piensas que tu empresa debe invertir su dinero en ti más que en otra persona que no hará tan buen uso de él?

Fui testigo de dos ejemplos de esto cuando asesoré a una cadena de supermercados regional en otro país.[51] La empresa era la mayor en su relativamente pequeña región y era muy rentable. Pero se trataba de una empresa familiar, y sus muchos miembros

---

[51] Aunque la esencia de este relato es verdadera, los nombres y los detalles se han modificado.

dependían de los dividendos para mantener su estilo de vida, de manera que el dinero podía escasear, incluso cuando se pretendía dedicarlo a los mejores proyectos. Ahora pasemos a hablar de George, un gerente de jerarquía media que trabaja en las entrañas de la firma. Él se percata de que la empresa tiene una pequeña división de franquicias en que, de manera típica, equipos integrados por marido y mujer compran el derecho a ostentar la marca del supermercado y tienen acceso a sus suministros. Al trabajar largas horas y ofrecer servicio personalizado a sus clientes, estas tiendas eran más rentables que los supermercados propiedad de la firma.

La división de franquicias era todavía muy joven y pequeña, operaba sólo en las áreas rurales, pero George detectó el potencial. Así que cuando se retiró el jefe de franquicias, George pidió tranquilamente que lo transfirieran a ese puesto. Al visitar todas las tiendas y hablar con los franquiciatarios (y sus rivales), se convenció de que podía funcionar en los barrios urbanos tan bien como lo había hecho en las zonas rurales. Se procuró un presupuesto de *marketing* mucho mayor para atraer nuevos interesados en la franquicia y dedicó más dinero a la capacitación. De modo gradual, logró que las cosas se hicieran a su manera. Cuando las tres primeras franquicias urbanas funcionaron bien, de inmediato trazó un plan para crecer mil por ciento en la división. El capital inicial se puso a su disposición a regañadientes, pero nadie podía negar que la idea de George era irrefutable. En tres años, la división ganaba casi tanto dinero como todos los supermercados "propios", y George se ganó el derecho de pertenecer al principal equipo gerencial. También se ganó un bono equivalente a cinco veces su salario.

En la misma firma, otra gerente, Carol, estaba encargada de los hipermercados. Se percató de que este formato constituía el futuro de la venta al menudeo, pero cuando tomó las riendas de la división, ésta sólo tenía tres hipermercados. Sin embargo, ella fue lo suficientemente valiente para pensar en grande. Recuerdo con claridad una reunión muy ajetreada en que ella presentó un plan para abrir 27 nuevas tiendas en los siguientes cinco años. El costo programado era superior al flujo de efectivo esperado por el grupo entero durante los siguientes cinco años. Por supuesto, Carol prometía un gran retorno por la inversión, y también señaló las implicaciones para toda la compañía —tanto para los supermercados como para los hipermercados— si se dejaba que la competencia abriera los hipermercados, ganando participación de mercado y aumentando su poder de compra.

Nadie discutió sus proyecciones, pero la cantidad de dinero que solicitaba dejó perpleja a toda la reunión, en particular al director general y, por supuesto, al presidente, cabeza de la familia. Puedes imaginarlo calculando el impacto de un movimiento tan agresivo en los dividendos de la familia durante los siguientes años; quizá anticipaba los ataques de sus parientes si aprobaba el plan. Se retorcía en su asiento, se enjugaba la frente.

Yo sugerí que el consejo debía aprobar el plan y financiarlo con deuda, pero me detuvo el presidente.

Parecía que habíamos llegado a un punto muerto, hasta que Carol pasó discretamente una nota al presidente y pidió permiso para retirarse. El presidente no reveló el contenido de la nota, pero después de unos cuantos minutos, anunció entre dientes que apoyaba la propuesta. Luego todo fue por buen camino. Carol jamás comentó a nadie qué había escrito en la nota, pero era claro que el presidente estaba enojado después de la junta. Yo creo que Carol apostó su carrera entera al plan propuesto, y le escribió que renunciaría si no era aprobado.

Hubo un final feliz. Los hipermercados fueron un gran éxito y generaron tantas utilidades que los dividendos aumentaron año tras año. Carol llegó a ser directora general de toda la firma y empezó a hacer sentir su magia en los supermercados, al insistir en un programa de modernización mayor. Era una maestra en el arte de usar el dinero de otros con gran eficiencia.

El dinero es la última de las siete palancas disponibles para los gerentes 80/20 y, al igual que las otras, es simple y obvia.

Todas estas palancas están disponibles para cualquier gerente, pero pocos las explotamos a cabalidad. Cuando te encuentres atascado en una conducta improductiva, busca un modo elegante de lograr más con menos y aprovecha su poderío. Todas las palancas son fáciles de usar, y recuerda: con suficiente apalancamiento, cualquier cosa es posible.

Usar las siete palancas es un tanto distinto de las otras vías para ser un gerente 80/20, debido a que ayudan naturalmente y refuerzan todas las demás vías. Reflexiona sobre esto cuando leas sobre la quinta vía: el gerente liberador.

Vía número cinco

El gerente liberador

No puedes ser leal a una organización
que no es leal contigo.
Todas las lealtades son, en última
instancia, lealtades personales,
entre una persona y otra.
Jim Lawrence, presidente ejecutivo,
Rothschild North America

No me gustan las personas que siempre dicen sí.
Quiero que me digan la verdad,
incluso si les cuesta el empleo.
Samuel Goldwyn

Un gerente liberador debe ser por completo honesto con su gente; debe apoyarla, ser amistoso y también muy exigente. Esto tiene relación obvia con algunas palancas abordadas en la cuarta vía; en especial me refiero al interés, la fe, la toma de decisiones, la confianza y rodearte de un equipo de clase "A". Pero hay más en el caso de los gerentes liberadores que entienden cómo usar estas técnicas y palancas. En este caso, se requiere adoptar cierta filosofía y cultivar cualidades personales trascendentes bastante inusuales, pero que ofrecen excelentes recompensas en cualquier esfera de la vida.

El gerente liberador trae a la luz lo mejor de su gente para beneficio de cada individuo en la firma, inspirándolos para desarrollar y alentar su lado creativo, los pequeños aspectos de su personalidad y las capacidades que puedan llevarlo a resultados sorprendentes sin esfuerzo excesivo. Una vez que esto se logra, el equipo entero quedará liberado para operar de acuerdo con el Principio 80/20. Pero la liberación requiere honestidad y apertura totales, tanto del gerente como de las personas inspiradas y liberadas. En consecuencia, esto no es para todos; y en ciertas organizaciones es incluso imposible.

Aun así, Lisa Manuele cree que motivar a la gente por medio de la liberación es fácil. Lisa construyó un negocio de corretaje especializado en Nueva York y lo vendió a uno de los principales bancos del mundo. Ella atribuye gran parte de su éxito a una forma especial de tratar con la gente que, según ella, cualquiera puede desarrollar. Cuando la conocí, me dijo:[52]

> Todo lo que necesitaba saber sobre cómo liderar a la gente, lo aprendí en el jardín de niños. La amistad, la honestidad y la confianza son la base de mi forma de actuar. La gente saltará por un aro, se acostará en las vías del tren por otros y por mí, porque son capaces de traer su vida entera al trabajo. Pueden ser exactamente quienes son. Nadie trabaja a su máxima capacidad a menos que logres crear un ambiente que dé confianza.
>
> La mayor parte de las firmas de mi industria mandan por medio del temor. Esta cultura corroe a la empresa y a las aspiraciones de la gente; crea desconfianza, lo que nunca resulta útil. Yo procuro hacer lo contrario y abrir los canales de energía en la gente. Cuando contrato, procuro que sean amigos, cultivar una larga relación vitalicia en que ambos nos ayudemos. Se trata de una forma muy poco usual de operación. Una cultura basada en el miedo se remite siempre al dinero: necesitas un empleo y seguro médico, así que la gente está dispuesta a negarse a sí misma a cambio de esto. Yo misma he estado ahí. Después

---

[52] Entrevista personal, 29 de marzo de 2011.

de vender mi negocio al banco, seguí trabajando durante seis años. Ya no me podía identificar con las metas de la empresa. Me sentía como una prostituta. Si te quedas a pesar de no creer en la misión de una empresa, te pierdes a ti misma. Ésa es la mayor tragedia.

Tú llevas tu vida al trabajo. Debes ser honesto sobre tu familia, hijos y padres. Si necesitas llevar a tu madre al médico, debes decirlo sin ambigüedades. La gente se reporta enferma porque no se atreve a admitir que tiene un problema en su vida. Obtienes mucho más de la gente si le permites ser honesta. Deben poder asistir al festival de su hija, a las diez de la mañana de un martes. Eso me parece bien siempre y cuando alguien te cubra. No creo en "manejar" gente: esa frase proviene del ámbito de la ingeniería. Doy a la gente la oportunidad de expresar su imaginación. Yo tengo el espacio que permite a la gente ser creativa.

Cuando contrato, busco personas receptivas y amigables, con capacidades sociales. Pueden estar ansiosos o hambrientos, pero no ser negativos. Busco las habilidades y la inteligencia, pero también a la persona entera que guste de las distintas culturas y no tenga una mentalidad controladora.

Por supuesto, he cometido algunos errores. Contraté a algunas personas deshonestas. Decían ser buenas y no lo eran. Estaban escondiendo su verdadera naturaleza.

Pregunté a Lisa qué hacía cuando eso pasaba.

Sonrió tristemente: "No puedes hacer cambiar a la gente. Tienen que irse o despedirlos. De no ser así, afectan la cultura de la confianza."

Lisa habla por demás bien de esa cultura de la confianza, y su hijo Matthew, de 23 años, quien ha trabajado para una corporación grande y tradicional durante los últimos dos años, está de acuerdo con ella:

A Matthew le gusta su empleo, pero la cuestión corporativa resulta un poco abrumadora para él. Quiere trabajar en una firma de 100 o 200 empleados y aprender por asimilación. Busca una organización horizontal, para aprender del contacto con los individuos que más saben. Su generación quiere mayor honestidad personal, ir al trabajo vistiendo pantalones de mezclilla si lo desean. La calidad de vida y la experiencia son más importantes para los jóvenes que el dinero. Si Matthew gana una tercera parte del sueldo pero trabaja con gente estelar aprendiendo, ganará el dinero que requiere.

Si fuiste educado para respetar a la gente, puedes ser buen líder. Debes tratar a la gente como si fueran amigos con quienes deseas trabajar durante largo tiempo. Dices lo que piensas. No hay más que agregar.

Haz que la creatividad trabaje para ti

Para obtener lo mejor de tu gente, necesitas abrir su lado creativo, de manera que 20 por ciento de sus habilidades y personalidad podrían hacerte obtener 80 por ciento de lo que pueden dar. Esto es, necesitas liberarlos para alcanzar todo su potencial, lo que significa detectar sus rasgos de personalidad importantes para procurar su desarrollo y que lleguen a beneficiar al equipo y a la empresa. Para lograrlo, necesitas conocerlos mejor de lo que se conocen ellos mismos (en ciertos aspectos). Y deberás convencerlos de librarse o de encargar a otros lo que ellos no hacen de manera eficiente.

Encontrarás que hasta la gente más creativa y lista, en especial si son jóvenes e inexpertos, esconde su luz bajo el peso corporativo. Uno de los mejores editores que he conocido admitió una vez: "Cuando era muy joven, a veces no estaba seguro de si mis ideas eran buenas o no, y por lo común no hacía nada con ellas, lo que después lamentaba. Sólo necesitaba la aprobación de alguien que, desde arriba, me dijera: 'Sí, está bien, haz la prueba y no te preocupes si no funciona.' Pero rara vez la obtenía, así que mi carrera fue plana muchos años, hasta que encontré un jefe que me pidió dar un paso adelante con confianza."

Si el lado creativo de alguien ha de florecer, necesita trabajar en un ambiente honesto, amistoso y abierto. Históricamente, las firmas han sido en extremo malas para proveer esto; y las empresas grandes suelen ser las peores de todas.

Durante miles de años, las organizaciones se han basado en el poder, el temor y la supervisión estrecha. Más recientemente, la "ética de trabajo protestante" apoyó y reforzó esta filosofía: "Si no supervisas a los trabajadores", escribió Benjamín Franklin, "es como si les dejaras abierta la bolsa del dinero."[53] Cuando las grandes fábricas cobraron importancia, a partir de 1800, aproximadamente, siguieron naturalmente el modelo de supervisión practicado en talleres y minas. El trabajo humano era un bien; se compraba y se vendía. La Revolución Industrial juntó a la gente en las grandes fábricas y en las grandes ciudades, arrasando con la variedad y la autonomía personal que caracterizaba a los artesanos en pequeña escala. La producción en masa requiere disciplina y estandarización. Los costos disminuyeron conforme aumentó la escala y la uniformidad. Un puñado de inventores y empresarios tuvieron que ser creativos, pero los demás debían hacer lo que les indicaban. Se requerían manos, no cerebros.

Luego, en el siglo XIX, la esclavitud y la servidumbre económica comenzaron, muy gradualmente, a pasar de moda. Algunos excéntricos —filántropos adinerados guiados de modo típico por convicciones cristianas radicales, como las familias Cadbury, Fry y Hershey— empezaron a experimentar con las comunidades laborales basadas en la benevolencia más que en el temor. Estos negocios no conformistas, prosperaron, pero no dejaron de ser

---

[53] Benjamin Franklin, "Prefacio", en *Poor Richard's Almanack*, 1758; editado como libro independiente con el título de *The Way to Wealth*, Bedford, MA, Applewood Books, 1986, p. 17.

pequeñas islas de respeto y paternalismo en un océano de temor industrial. E incluso los reformistas carecían del concepto de que los trabajadores individuales podían contribuir con algo más allá de la ejecución concienzuda de las direcciones de sus superiores. No fue sino hasta la década de 1830 que la Escuela de Relaciones Humanas, muy enraizada en la psicología académica, comenzó a poner a prueba la ideología corporativa y la cultura gerencial prevaleciente.

Un momento importante para esta filosofía llegó con la publicación, en 1960, de *The Human Side of Enterprise*, de Douglas McGregor, profesor de la Escuela Sloan de Administración, en el MIT.[54] Él identificó dos formas de administrar, a las que llamó Teoría X y Teoría Y. La Teoría X representaba la gerencia tradicional autoritaria, basada en las órdenes y el control: la gente no trabajaría de no estar estrechamente vigilada, y la gran motivación era el dinero. En contraste, la Teoría Y sostenía que la gente era estimulada ante todo por la curiosidad, el instinto de colaboración y el placer que sentían al utilizar sus propias habilidades y creatividad. McGregor no recomendaba ninguna teoría. Su idea era que los dos conjuntos de certezas eran incompatibles y algunos gerentes seguían la Teoría X, mientras otros usaban la Teoría Y. Quería que los ejecutivos reflexionaran sobre sus propias certezas, para luego presionar con el objetivo de que sus organizaciones experimentaran sobre cuál enfoque funcionaba mejor.

Con mi estilo no muy académico, afirmo que la Teoría X es gerencia por temor y la Teoría Y es inspirada por el amor.

A lo largo de las siguientes tres décadas, los científicos de la administración condujeron muchos estudios para identificar qué forma de pensar llevaba a mejores resultados financieros. Llegaron a un consenso claro: la Teoría X funcionaba bien en industrias tradicionales, predecibles, que cambiaban lentamente y basaban su ventaja competitiva en recursos duros (mayor capital, fábricas más grandes, acceso más fácil a la riqueza mineral, más

---

[54] Massachusetts Technological Institute, o Instituto Tecnológico de Massachusetts [N. del T.].

bajos costos de producción). Sin embargo, en las industrias basadas en el conocimiento, que tienden a ser más dinámicas y menos dependientes del capital —como la moda, los productos de consumo, la tecnología de la información, la banca de inversión, el entretenimiento y el sector de servicios—, ganaba a las claras la Teoría Y. Las ideas tradicionales no funcionaban muy bien en las industrias que apoyaban su ruta al éxito en atraer a la mejor gente y alentarlos a usar su cerebro en colaboración y de modo creativo.

Compara los "oscuros talleres satánicos" de fines del siglo XVIII, en Manchester, con los hermosos prados de Silicon Valley, en nuestros días. El temor funcionó bastante bien en el primer esquema. En el segundo, en que los profesionales cambian de empleo cada dos años en promedio, siendo que la demanda de talento siempre supera a la oferta, el balance de poder —y la cultura en general— es muy diferente. Si se les da a elegir, la mayoría de los ejecutivos de Silicon Valley prefieren el amor al temor.

La lógica y la mayoría de los datos obtenidos por la investigación están de acuerdo: en general, el amor es una mejor estrategia corporativa que el temor, y no solamente porque se trata de algo más agradable. También es más rentable. La Unión Soviética perdió la Guerra Fría porque el temor se volvió menos efectivo conforme pasaron las décadas. Funciona bien en una economía de sangre y acero, pero no tanto en otra de pantalones de mezclilla y Coca-Cola; y por supuesto que no funciona en una cultura basada en el silicón y los servicios. La buena atención al cliente y la personalización requieren de amor al producto y al servicio, de parte del cliente y del proveedor. La música popular, los libros, las películas y todos los productos innovadores, de alta o baja tecnología, sólo pueden florecer en una cultura libertaria y amorosa. Tales productos y servicios simplemente no podían fabricarse en la Unión Soviética y sus satélites, pero los ciudadanos de la Europa Oriental seguían demandándolos. En última instancia, eso puso de rodillas al sistema comunista en su totalidad.

De modo que Occidente pregonó el amor y ganó, en tanto que el Este se basó en el temor y perdió. Como sea, este paisaje rosa es interrumpido por una verdad poco afortunada: en el mundo occidental sigue habiendo mucho más temor que amor. Muchos jefes dirigen aún con base en la Teoría X, porque en verdad creen en su eficacia o sus compañías lo exigen así.

Es posible imaginar que no hay sitio para los viejos métodos en lo que bien podríamos llamar "la economía de 20 por ciento": me refiero a las firmas y las industrias verdaderamente dinámicas en que la creatividad, los descubrimientos y la innovación son la única constante. La innovación proviene del entusiasmo, la emoción, la intensidad, la diversidad, la experimentación y del análisis duro de los primeros principios. Es seguro que dichos atributos sólo pueden florecer en una atmósfera de honestidad y compromiso personal, en que las relaciones entre colegas se basan en el apoyo mutuo y el respeto más que en el poder.

No obstante lo anterior, me asombra descubrir cuántas firmas exitosas en este 20 por ciento de la economía no practican la gerencia benigna. Pienso en una empresa en particular, una empresa en que la mayoría de los gerentes son jóvenes superlistos. Esta empresa ha transformado a su sector por medio de innovaciones sorprendentes. Pero la cultura que prevalece en ella es la de una corporación antigua. Algunos de sus gerentes inspiran a sus equipos valiéndose del amor, pero la mayoría se valen del temor.

Los viejos hábitos tardan en morir. Se requiere un esfuerzo considerable para cultivar un ambiente de honestidad y creatividad; estamos ante una prueba de la fuerza de voluntad comparable a dejar las drogas, el cigarrillo o el alcohol. Y, como sucede al dejar los venenos que consumimos, liberar a nuestros colegas forma parte del interés corporativo, individual y social. Ésta es la única ruta que conduce a altos niveles de colaboración y logro.

Nada de suave y cursi hay en un gerente liberador. Estos gerentes exigen muy buen desempeño. Una cultura liberadora sin desempeño es insostenible. Si tuviera que elegir entre una cultura corporativa liberadora que tolera el desempeño pobre y una cultura opresiva que garantiza el alto desempeño, elegiría esta última. Las empresas tienen la obligación de utilizar sus insumos de la mejor manera posible, y esto incluye a la gente. De modo que los gerentes liberadores también deben ser exigentes; insistir en que sus equipos trabajen duro, no en términos de tiempo o esfuerzo, sino pensando en la imaginación y determinación para crear productos o procesos mucho mejores, para dar a los clientes algo que nunca antes habían visto, impresionar y confundir a la competencia y para que las personas se conviertan en profesionales infinitamente más competentes y útiles.

Ser mediocre no es una opción para los gerentes liberadores ni para sus equipos.

Corea y los límites del temor

La atmósfera de cualquier oficina no es sólo asunto psicológico, como el lugar en que se suman las características individuales de los empleados. También constituye un asunto sociológico: el efecto de la cultura que flota en el aire, producto de la historia y las actitudes de los fundadores, de las relaciones de poder en la firma y la manera característica en que los gerentes interactúan entre sí. La cultura corporativa es elusiva, difícil de definir y medir, más aún de cambiar. Pero la atmósfera es uno de los pocos atributos vitales de una firma que, de modo invariable, tiene un impacto masivo en todos los que ahí trabajan.

Dado que es imposible realizar un experimento controlado que cambie la cultura de la mitad de la firma, mientras la otra mitad se mantiene igual, nadie ha podido comprobar la importancia de la cultura en el ambiente corporativo. Pero pueden trazarse paralelos interesantes tomados de la política del siglo xx.

La historia de Corea como una nación unida e independiente llegó a un final abrupto cuando Japón conquistó el país en 1910. Entonces, más de tres décadas después, cuando los japoneses fueron vencidos al final de la Segunda Guerra Mundial, estadounidenses y soviéticos se pusieron de acuerdo para dividir a Corea por la mitad, de modo bastante arbitrario, por cierto, en el paralelo 38. La gente que vivía al sur de esta línea se convirtió en sudcoreana y vivió en un régimen capitalista, mientras quienes vivían al norte de ese paralelo se convirtieron en norcoreanos que vivirían en un régimen comunista. Los dos nuevos países estaban habitados por gente semejante que compartía la misma historia y los atributos personales, pero durante los últimos 60 años han tenido que vivir en culturas, políticas y económicas, diametralmente opuestas.

Corea del Sur es ahora una democracia floreciente, con altos niveles de vida y es ya la cuarta economía más grande de Asia. Entre tanto, los norcoreanos han empobrecido y viven oprimidos por un régimen totalitario basado en el terror. A mediados de la década de los noventa, políticas desastrosas llevaron a una hambruna que cobró la vida de por lo menos dos millones de personas, ante lo cual, el Estado dio instrucciones a los ciudadanos de que comieran corteza, pasto y uñas. La diferencia entre las dos Coreas puede atribuirse por entero a la forma en que sus economías y sociedades están organizadas. Los norcoreanos se han conformado de manera gradual dentro de una cultura de represión, bajas expectativas, menor productividad y adoración servil a líderes supuestamente sobrehumanos. Los sudcoreanos han llegado a usar más su iniciativa personal, creatividad y habilidades para fundar nuevos negocios. Muchos de ellos son ahora líderes mundiales en sus respectivos campos.

Elegir la libertad

Como demuestra el destino contrastante de ambas Coreas, las culturas políticas y económicas no se parecen en nada; y lo mismo sucede con las culturas corporativas. Tu lugar de trabajo y la cultura que la empresa hereda y promueve juegan un papel muy importante al determinar el éxito o el fracaso. El gerente liberador comprende esto y elige trabajar para una de las pocas firmas que alientan el alto desempeño y la liberación personal.

La gerencia liberadora sigue siendo el camino menos transitado del mundo corporativo. El camino que lleva a la libertad completa y a la honestidad requiere de mucha sabiduría y comprensión, atributos muy raros en el mundo corporativo. Pero si encuentras una empresa que los posea, y tú mismo eres una persona decente y confiada, verás una forma más natural de trabajar comparada con la obligación de arrodillarse ante el poder. Los seres humanos están programados para colaborar y para los encuentros sociales constructivos. Así que el esfuerzo para comportarse de modo honesto y auténtico resulta moderado si se considera la recompensa. Es mejor liberar que esclavizar; y la liberación es el único camino que permite a los equipos y a los individuos llegar al máximo nivel de logro placentero.

Como gerente liberador, debes apreciar y afinar los atributos esenciales de tu equipo, las capacidades especiales y las características y experiencias idiosincráticas. Llegado el momento, esto convertirá a tu personal en grandes gerentes, y tú estarás en posibilidad de alentar experiencias tipo "20 por ciento" en toda la organización. La liberación individual sólo puede tener lugar en una cultura liberadora. Y a pesar de que será difícil de construir, también resulta muy difícil destruirla.

Convertirte en un gerente liberador te lleva muy lejos por la senda de la autoexploración, porque debes liberarte a ti mismo antes de liberar a los demás. Pero la siguiente vía te adentrará aún más en la esencia de tu identidad, porque te explicará cómo convertirte en un mejor gerente al buscar significado en tu vida laboral.

Vía número seis

El gerente que busca significado

Cumplir un sueño... tener la oportunidad de crear,
equivale a la carne y las papas
de la vida. El dinero es la salsa.
Bette Davis

Me gusta lo que implica el trabajo:
la oportunidad de encontrarte a ti mismo.
Joseph Conrad[55]

Al cumplir 40 años, tuve buena fortuna en extremo. Después de 14 años como consultor gerencial, decidí dejar mi calculadora. Vendí mis acciones en LEK, la firma que había cofundado seis años antes y me había proporcionado lo suficiente para vivir el resto de mi vida. Tenía libertad. ¿Pero para hacer qué?

No tenía idea. Decidí dejar de trabajar tan duro y abrí una pequeña empresa de inversiones. Pero la verdad es que significaba poco para mí. Traté de no trabajar, pero terminaba sintiéndome inútil y con sentimientos de culpa. Pasó mucho tiempo antes de encontrar un propósito satisfactorio en mi vida al escribir libros que, buenos o malos, ninguna otra persona podría haber escrito. Soy lo suficientemente afortunado para disfrutar de un estilo de vida relajado y agradable, con tiempo de sobra para andar en bicicleta, jugar tenis, caminar por la bella campiña y encontrarme con amigos. Pero sólo me siento verdaderamente contento si escribo algo significativo todos los días.

---

[55] Joseph, Conrad, *Heart of Darkness,* Penguin, Londres, 2007.

Nada es más importante que darle sentido a la vida. Viktor Frankl, médico y filósofo austriaco, escribió uno de los libros más importantes del siglo pasado, *El hombre en busca de sentido*, tras ser liberado del campo de concentración de Dachau. El significado, dijo, deviene del logro, de crear algo diferente o realizar algo que deriva de tu imaginación y talento únicos. Cuando estamos hambrientos de significado pero no lo encontramos, usamos como sustitutos el dinero, el sexo, el entretenimiento y hasta la violencia. Pensamos que esto nos hará felices, pero no es así. En efecto, la búsqueda misma de la felicidad está mal orientada porque llega cuando no la buscamos: en esos momentos hallamos significado al perdernos en la autoexpresión productiva. La felicidad es un subproducto de llevar una vida significativa: "Sólo carece de significado el incumplimiento del potencial", dijo Frankl, "no la vida misma."[56] Bertrand Russell lo dijo de modo ligeramente distinto: "Todo aquello en lo que eres bueno contribuye a la felicidad."[57]

Una de las más grandes revelaciones de la filosofía moderna ha sido que la grandeza existe en el interior. San Pablo hablaba de la variedad de dones que los primeros cristianos poseían, pero como ha demostrado el brillante filósofo canadiense Charles Taylor, hasta el siglo XVIII surgió la idea de la unicidad y originalidad del ser humano. El poeta Johann Gottfried Herder (1744-1803), por ejemplo, escribió: "Cada ser humano tiene su propia medida, cual si se tratara de un acuerdo peculiar compuesto por los sentimientos que tiene hacia los otros." Las diferencias entre individuos son importantes, dijo, y cada uno de nosotros debe seguir su propia senda y vivir de acuerdo con nuestra originalidad.[58] En nuestros días, damos por hecho que todos tenemos un ser interior vital, casi en el mismo sentido en que tenemos piernas

---

[56] Viktor E. Frankl, *El hombre en busca de sentido*, Beacon Press, Boston, 2006.

[57] Consultado en: http://www.brainyquote.com/quotes/quotes/b/bertrandru378106.html

[58] Charles Taylor, *Sources of the Self: The Making of the Modern Identity*, Cambridge University Press, Cambridge, 1989, p. 375.

y brazos, pero esa noción no siempre existió. De hecho, es moderna de manera profunda.

A pesar de la ubicuidad de estos conceptos en nuestros días, pocas personas aprovechan al máximo su potencial interior, sobre todo en el trabajo. En efecto, existe una creencia muy extendida en el sentido de que los gerentes no tienen oportunidad de hacerlo. Desde que William H. Whyte escribió *The Organization Man* en 1956,[59] los gerentes han sido estereotipados como engranes conformistas de la maquinaria corporativa. A pesar de ello y de modo irónico, Whyte mismo no compartía este punto de vista y alentaba a los gerentes a luchar por lo que creían correcto, abriendo su propio surco dentro de la organización y afirmando su individualidad.[60] Más todavía, en la última mitad del siglo pasado, la gente de negocios se ha tornado más colorida y variada. La gerencia constituye hoy un llamado creativo con enorme alcance para la interpretación individual. Como escribió Peter Drucker: "Nada ha sido rechazado más rápido que el concepto de 'hombre organización', mismo que era aceptado generalmente hace 40 años."[61]

¿Qué otra ocupación puede rivalizar con los retos intelectuales de crear estrategias únicas para cada producto y cada innovación en el servicio; dar forma a una cultura corporativa; liberar y liderar a los empleados; interpretar lo que en realidad desean los consumidores antes de que ellos mismos lo sepan; negociar con los proveedores, socios capitalistas y clientes y, por supuesto, asegurarte la entrega confiable de productos y servicios de modo que el negocio crezca y se torne redituable? ¿Qué otro contexto es tan dinámico, cambiante e impredecible? ¿Qué otra vocación

---

[59] William H. Whyte, *The Organization Man*, Simon and Schuster, Nueva York, 1956.
[60] Whyte concluyó que el gerente: "Debe *enfrentar* a la organización. No de forma estúpida o por egoísmo… sino que debe luchar, puesto que las voces que piden su rendición son constantes y poderosas… la calma mental que ofrece la Organización sigue siendo una rendición, y no lo es menos al ser ofrecida por benevolencia. Ése es el problema." *Ibid.*, p. 372.
[61] Peter, F. Drucker, *Managing in a Time of Great Change*, Butterworth-Heinemann, Londres, 1995. La cita proviene de un ensayo titulado: "A Century of Social Transformation", contenido en el capítulo 21 del libro.

ofrece tanto alcance para llegar a soluciones únicas y a la personalización efectiva? ¿Qué otra actividad requiere de tan alto grado de colaboración y ofrece tan enormes recompensas a la originalidad y a la iniciativa personal?

Vistos así, los negocios requieren gerentes que obtengan lo más posible a partir de lo que es único en ellos. Se requieren gerentes que busquen significado en su trabajo.

El significado es único para cada individuo. No puedes tomar prestado el significado de otro y hacerlo tuyo. El secreto para tener éxito en el "camino profesional menos transitado" es "hacer lo tuyo", pero de forma disciplinada y creativa. Tu carrera se convierte en un avance en el que experimentas con varias formas de crear algo duradero y singular, que implique el mayor significado para ti. Como siempre sucede, los reveses son inevitables; quizá no puedas evitar al fantasma del desánimo. Pero estos reveses contienen información invaluable sobre lo que otros encuentran valioso y sobre lo que más te importa.

¿Qué tiene que ver el significado con el Principio 80/20?

Los logros y, por tanto, el éxito en cualquier campo, lo poseen unos cuantos en gran desproporción. Esto es cierto en el mundo de las artes, el entretenimiento, la academia, la política, los deportes... y los negocios.

Mientras más dependan los resultados de la imaginación individual, de la personalidad y las habilidades únicas —es decir, mientras más difícil sea encontrar sustitutos adecuados para la gente talentosa—, más opera el Principio 80/20. Cuando la diferencia entre los individuos *en verdad* importa, la proporción es más cercana a 99/1 que a 80/20. Puede que sea difícil distinguir a un gran artista de otro, pero uno grande se distingue del todo. Es la diferencia entre el trabajo de un artista y el de otro lo que constituye a fin de cuentas al genio. Por ejemplo, los últimos trabajos de Vincent van Gogh, como *El campo de trigo* y la *Noche estrellada*, son fácilmente reconocibles como suyos porque nadie más pudo pintarlos. Pablo Picasso llevó esto todavía más lejos: su trabajo es único, pero también tuvo periodos en que su estilo se volvió distinto, no ya al de otros artistas, sino al de su propio trabajo anterior. Los grandes cantantes, compositores y escritores logran también una distinción semejante. Los artistas de todo tipo, en verdad únicos, son las personas más apreciadas, celebradas y recordadas de la historia porque enriquecen al mundo.

Aunque esta afirmación puede parecer extraña, sucede lo mismo en los negocios. Nadie, salvo John Pemberton, pudo crear la Coca-Cola; nadie, excepto Andrew Carnegie pudo lanzar US Steel; nadie que no fuera Henry Ford pudo fundar la empresa automotriz que lleva su apellido como razón social; nadie, excepto William Redington Hewlett y Dave Packard, pudieron convertir su compañía en la fabricante más grande de computadoras del mundo; sólo Bill Gates pudo convertir a Microsoft en el gigante del *software*; nadie sino Steve Jobs pudo crear —y recrear— Apple. Todas estas empresas reflejan la personalidad de sus fundadores tanto como sus conocimientos y capacidades. Las empresas mismas y sus productos son únicos y han enriquecido al mundo con sus diferencias. Y esto aplica no sólo a los fundadores famosos, sino también a los gerentes en todos los niveles. Un ejecutivo, en particular talentoso, quizá tenga cientos de veces más impacto que otro.

Es bueno para la economía y la sociedad que las personas logren actualizar su máximo potencial. También es la única forma de encontrar el verdadero significado a la vida.

Gran parte del éxito económico acompaña a una pequeña proporción de firmas y gerentes. Hablando del éxito también, la parte del león proviene de una pequeña proporción de ideas, productos, clientes, procesos e individuos. Lo que es escaso es recompensado. El trabajo duro no escasea. Es triste, pero las largas horas de trabajo son un lugar común. De modo lamentable, la lealtad a una organización no es escasa ni recíproca. Los grados académicos en el rubro de los negocios son casi comunes. Las herramientas de análisis —hojas de cálculo, presentaciones elegantes, flujo de fondos descontados— están disponibles para cualquiera. Incluso el dinero no es en realidad tan raro. Todo es una mercadería. Todo, *excepto* la inspiración individual y la innovación.

No apruebo enteramente lo que voy a escribir, pero podrías utilizar el Principio para "tomar la delantera". Si sólo te interesa tu progreso individual —el tipo de progreso que se valora en los programas amarillistas de televisión, tipo *El aprendiz*—, entonces puedes detectar y aprovechar de manera ventajosa cierto fenómeno 80/20. Por ejemplo, las mejores oportunidades se encuentran en sectores muy pequeños, en ciertos tipos de trabajo, colegas, jefes y organizaciones. ¿Has conocido alguna vez a un banquero inversionista pobre, o a un corredor privado que en el aspecto financiero la pase mal?

En este sentido, tu empresa (y departamento) puede ser mucho más importante que tus habilidades personales. Si la firma es pequeña y crece rápido, existirán numerosas oportunidades para involucrarte en nuevas actividades, ganar experiencia, y descubrir habilidades que nadie (incluyéndote) sabía que tenías. El crecimiento rápido requiere de experimentación y nuevas formas de hacer las cosas, así que aprendes sobre la marcha. Esto lleva a que la demanda de talento exceda a la existencia. En una atmósfera semejante, el crecimiento personal puede ser exponencial. Descubrí esto cuando trabajaba para Bain y después de fundar LEK, dos empresas que crecieron a un ritmo de entre 40 y 100 por ciento al año durante el tiempo en que yo laboré ahí. En una década aprendí más sobre mí mismo y lo que podía hacer que sumando todo el resto de mi experiencia laboral. Encontrarás empresas semejantes de rápido crecimiento hasta en las más profundas recesiones. Pueden requerir ajustes, pero vale la pena el esfuerzo.

Aun si aprendes mucho trabajando para la empresa exitosa de otro, imagina cuánto más lo harías si lanzas tu propia empresa. Los cambios exitosos son más frecuentes y tienen mayores posibilidades de hallar riqueza en industrias en que el conocimiento personal y la creatividad superan la trascendencia del capital y el músculo organizacional. Mientras más intensivo sea el uso del capital en una empresa —minería, ingeniería pesada y manufactura, por ejemplo—, menos promisoria será para los gerentes individuales. En contraste, consultoría, capital de riesgo, banca de inversión, publicidad, relaciones públicas, medios, creación de marcas y administración, son campos ideales, porque casi no requieren capital para su fundación. La tecnología de la información y los negocios relacionados con Internet se ubican apenas detrás de los primeros: ni Sillicon Valley ni el ciberespacio requieren de capitales extraordinarios. Desde luego, son industrias de rápido crecimiento que funcionan como imán para el talento: 20 por ciento de todas las industrias y sectores atrae 80 por ciento de los gerentes más talentosos y da mucho más de 80 por ciento de las ganancias a mucho menos de 20 por ciento de los gerentes.

No tiene sentido unirse a una empresa dinámica a menos que aprendas y contribuyas a su éxito. Muchos conocidos se han hecho ricos sin contribuir demasiado en nada particular estando en el lugar correcto y el momento justo. Algunos son de los que se meten a la puerta giratoria detrás de ti para salir antes. Pero ninguno de ellos terminó siendo feliz; ninguno era buena compañía.

El verdadero éxito está en los logros únicos. No puede medirse por el saldo de tu cuenta bancaria. Estos logros dependen de hallar significado en el trabajo, y dan a cambio un sentido más amplio en la vida. Porque los logros reales te hacen sentir orgulloso y útil. A veces, esto lleva a la complacencia, pero por lo regular hace que la gente busque todavía más significado por medio de resultados aún mejores.

El significado también está sujeto al Principio, para tristeza de la mayoría de la gente. Muy pocas personas encuentran verdadero significado a sus vidas, pero estas personas son quienes alimentan el progreso del mundo como un todo. Piensa en alguien que consideres como el más exitoso en una esfera determinada, entretenimiento, deportes, política, artes, servicio público, medios, negocios. Serán individuos únicos porque han tenido un impacto extraordinario en el mundo. Tal vez crearon algo duradero, como una canción, una técnica, un producto o una empresa exitosa, o quizá fueron los primeros en subir a una montaña o explorar una nueva región. Como sea, se convertirán en fuente de inspiración para millones. Si no hubieran vivido, el mundo sería menos rico, interesante y maravilloso. Esta gente encuentra y crea significado en el mundo.

¿No sería fantástico si hubiera más individuos así? ¿No sería mejor si te convirtieras en uno de ellos?

Sigue las pautas que a continuación expongo y habrá buenas posibilidades de que lo hagas.

Sé increíblemente selectivo

Comencemos por el principio. Elegir dónde trabajar es tan importante como lo que haces una vez ahí. Ésta es una decisión —por lo regular tomada muy rápido— que puede tener un impacto mayor en tu éxito y felicidad en los años por venir. Yo odiaba trabajar para una gran empresa petrolera y, de haber permanecido allí (pudo suceder, pues era bastante cómodo), habría terminado sintiéndome incompleto y cínico.

La mayoría de los gerentes permiten que la organización los elija. Debería ser al revés. Muchos gerentes toman el primer empleo bueno que les ofrecen, y eso resulta cierto si han llegado al proceso mediante *headhunters* o buscadores de talento: ¡es tan halagador que te busquen, que resulta difícil rehusarte! De modo comprensible, en particular bajo el clima económico actual, muchas personas que buscan empleo ansían seguridad, prestigio y compensaciones atractivas. Pero siempre hay un aire de casualidad y pasividad cuando un gerente cae en las garras de una gran corporación.

Si estás buscando significado —y el significado, como hemos visto, es esencial para la felicidad y el alto desempeño en el trabajo— debes hacer las cosas de otra manera. Existen cinco aspectos a tener en cuenta para hacerlo así.

1. *El campo en el que trabajas debe gustarte.* Si quieres ser editor o músico, no aceptes un trabajo vendiendo aplicaciones para computadora. Si Paul McCartney, John Lennon y George Martin hubieran hecho eso, nunca habrías oído hablar de los Beatles. Martin se convirtió en uno de los mejores productores de música que el mundo ha visto —él hizo a los Beatles al cambiar los arreglos, especialmente el 26 de noviembre de 1962, cuando les sugirió acelerar "Please, Please me", canción que antes había sido una balada lenta. Cuando la aceleraron, Martin dijo: "Caballeros, acaban de hacer su primer disco que llegará al número uno." Durante sus primeros 15 años como productor, Martin había trabajado para EMI por una miseria (en su mejor año ganó 2 500 libras). Pero afinó sus capacidades y aprendió a detectar a las bandas con futuro, incluyendo a los Beatles. Después, produjo 23 *hits* que llegaron al número uno, y en 1966 sus artistas ocuparon las partes más altas de las listas de popularidad por un total de 37 semanas, logros todavía no superados.

2. *El trabajo debe proporcionarte un conocimiento inusual.* Especialmente durante los primeros estadios de una carrera, obtener conocimientos inusuales es la ruta hacia el éxito y la actualización. Por ejemplo, Bill Gates comenzó a acumular conocimiento sobre computadoras cuando estaba en la escuela preparatoria; pasó gran parte de su tiempo en Harvard haciendo uso de las computadoras de la universidad y dejó la carrera para fundar "Micro-Soft" en sociedad con Paul Allen. Tenía 20 años, y consideró que el conocimiento que necesitaba no podía hallarse ni en la

educación formal ni trabajando para una firma existente. Siendo más convencional, yo elegí entrar a la industria de la "consultoría estratégica" cuando llevaba apenas una década de haber aparecido y me sumé a BCG, firma pionera que seguía siendo líder en el sector. Cuando me di cuenta de que una nueva empresa —Bain & Company— crecía más rápido que BCG, cambié de barco con la intención específica de enterarme qué se hacía en esa empresa para propiciar el crecimiento. ¿Tu trabajo te proporciona un conocimiento peculiar que podrías usar en otro ámbito?

3. *La firma debe inspirar por medio del amor y no regir por el miedo.* Como ya vimos en la vía número cinco, muchas firmas siguen usando mano de hierro. Si encuentras una de las pocas que alienta libertad y creatividad, pronto descubrirás que es mucho más fácil hallar significado.

4. *Debes gustar de tus colegas y jefes… y agradarles a ellos.* Establecer buenas relaciones con tus colegas es crucial si quieres hallar significado en tu trabajo. Y esto va más allá de tus compañeros gerentes y tu jefe inmediato. Debes estar en consonancia con la cabeza misma de la empresa. ¿Pero cómo llegar a conocer al jefe de tu jefe antes de aceptar el empleo? Es simple. Solicitas conocerlos durante el proceso de reclutamiento. Se trata de una petición muy poco común, pero seguro te hará destacar en determinado nivel. Y te ayudará a decidir si es el trabajo correcto para ti.

5. *La firma debe estar avanzando.* Idealmente, debe tratarse de una empresa estrella, líder en un mercado o nicho que crece con rapidez. Sólo 5 por ciento de los negocios se ajustan a esta descripción, pero producen 95 por ciento (o más) del "valor real" de una industria (medido, por ejemplo, por el dinero que generan en el curso de su existencia, si se compara con el generado por todas las demás empresas del sector). Una empresa grande puede tener docenas o incluso cientos de negocios pero costará trabajo saber

cuál o cuáles de ellos son "estrellas". Sin embargo, hay parámetros que pueden ayudarte: ¿Las ventas de la empresa crecen más de 10 por ciento al año? ¿El retorno de capital utilizado (ROCE)[62] es superior a 20 por ciento? A menos que la respuesta a ambas preguntas sea sí (sin importar el estado de su economía), es difícil que la firma tenga negocios estrella.

Sólo una de cada 20 firmas califica, pero no te conformes con menos. *Es mucho más fácil tener éxito en un negocio rentable, que se expande y tiene gran posición de mercado.* Aprendes más porque debes esforzarte más para llenar los huecos que no existen en empresas que crecen a menor ritmo.

Si buscas trabajo en una organización no lucrativa, puedes aplicar una variante de la prueba para detectar empresas estrella. ¿Domina la organización en su sector? ¿Crece dicho sector 10 por ciento o más al año? ¿Crece proporcionalmente el presupuesto de la organización? ¿Extiende la organización su influencia e impacto? Si respondes sí a todas estas preguntas, encontraste la organización correcta.

Apegarte de modo estricto a la prueba de la estrella hará que la búsqueda de trabajo se extienda. Pero obtener un empleo en una de las pocas empresas (u organizaciones) estrella te permitirá encontrar significado en el trabajo porque puedes especializarte en actividades que te emocionan. Unos pocos meses buscando el trabajo adecuado evitan que desperdicies el resto de tu vida.

Sé dueño de tu carrera

"No importa dónde trabajes, no eres un empleado. Estás haciendo negocio con un empleador, ¡tú mismo!", dice Andy Grove, ex jefe de Intel. "Nadie te brinda una carrera, tú eres el único

---

[62] Return of Capital Employed. [N. del T.]

propietario."[63] Si aceptamos el consejo de Andy, el Departamento de Recursos Humanos no controla tu carrera; no es tu jefe y tampoco la compañía. *Tú estás a cargo.* Si tu carrera no te gusta demasiado, sólo puedes culpar a una persona: y sólo existe una persona para que las cosas vuelvan al buen camino.

Ser dueño de tu carrera no implica planearla minuciosamente. Ni siquiera es necesario planearla. La oportunidad llama a la puerta inesperadamente, y a veces lo hace de forma tan discreta, que es fácil perdernos el llamado. Puede que sobrevaloremos algunos de nuestros talentos e ignoremos la existencia de otros.

La espontaneidad y la experimentación están subestimadas. Una gran carrera es una aventura infinita con sorpresas constantes. Reflexiona de nueva cuenta respecto de la vida de George Martin. En 1962 estaba produciendo grabaciones de comedia. Luego conoció a Brian Epstein y dio una audición a los Beatles. No tenía idea de a dónde llevaría eso, o de qué manera ayudarlo a hacer realidad algunos de sus más hondos (y más profundamente enterrados) talentos musicales. Fácilmente podría haber dicho: "Disculpen, pero yo hago comedia", para después mandar a Epstein por un tubo. Felizmente, estaba deseoso de probar con algo nuevo.

Conviértete en alguien único, profesionalmente hablando

Si piensas en ti mismo como el único propietario de un negocio —Yo, S.A.—, ¿significa eso que las reglas de la estrategia corporativa aplican igualmente a tu carrera individual? En efecto, así es. El éxito llega cuando te conviertes en una estrella dominante del mundo de los negocios, disfrutando 95 por ciento de la cuota de mercado en un sector que crece rápido. La idea de una ventaja competitiva se aplica a los gerentes igual que en las firmas.

Como dijo Richard K. Lockridge, de BCG: "Todos los competidores son especialistas. No existen dos que sirvan a los mismos

---

[63] Andrew, S. Grove, *Only the Paranoid Survive,* Profile Books, Londres, 1998.

clientes en el mismo momento, de la misma manera y al mismo costo. Las diferencias entre competidores son la medida de su especialización. Mientras más grandes sean las diferencias, mayor será la especialización."[64] A mayor especialización, mayores oportunidades de retorno extraordinario.

Sucede lo mismo con los gerentes. Cada uno es especialista. No existen dos gerentes que hagan exactamente el mismo trabajo, para los mismos clientes, de la misma manera. La diferencia entre ellos es la medida de su especialización. Mientras mayor sea la especialización, habrá mayores oportunidades de logros extraordinarios. Para llegar a la especialización constructiva, tu "oferta de producto" debe: *1)* llegar a un mercado ideal que satisface una fuerte necesidad del cliente, *2)* con conocimientos y capacidades únicas, *3)* que otros gerentes —en este sentido, tu competencia— no tienen. Cuando Bill Gates y Paul Allen empezaron a escribir *software* a los 20 y 21 años, respectivamente, ya habían satisfecho esos tres criterios.

¿Quiénes son tus clientes? Tus colegas, especialmente tu jefe y otros ejecutivos. Pensar en tu jefe como un cliente es útil porque, al igual que los clientes, "el jefe siempre tiene la razón". Así que escoge a tu cliente más importante —tu jefe— con gran cuidado. Una empresa puede ir tras los clientes equivocados, y lo mismo puede pasarte. En otras palabras, podrías tener el jefe equivocado. Es imposible ser altamente efectivo — encontrar significado en tu trabajo— si es el caso. Requieres de un gerente-mentor con un conocimiento peculiar que puedes absorber y desarrollar. Así que encuentra a los clientes ideales —tu jefe ideal y otros colegas— ya sea en tu actual organización o en otro sitio. También debes encontrar clientes "reales" en el mercado.

¿Cómo nutren los gerentes sus atributos profesionales únicos? Adquieren conocimientos poco comunes al trabajar en empresas 80/20. Luego, personalizan ese conocimiento y lo aplican de maneras novedosas que reflejen su propia mentalidad y personalidad.

---

[64] Richard, K. Lochridge, "Specialization", en Carl W. Stern y George Stalk Jr. (eds.), *Perspectives on Strategy from The Boston Consulting Group*, John Wiley, Nueva York, 1998.

Los conocimientos poco comunes vienen en dos sabores. Existe la industria o sector de conocimiento especializado, donde aprendes más y más sobre menos y menos. Por ejemplo, a hacer cámaras de velocidad más precisas, baratas y fáciles de operar. De modo alternativo, combinar técnicas y experiencia de diversas disciplinas. Por ejemplo, los científicos que trabajan en los campos del caos y la complejidad usan ideas de la física, la química, la biología, las matemáticas y muchas otras disciplinas para crear modelos del funcionamiento del universo. En un nivel menos extremo, todos los consultores corporativos hacen algo semejante: obtienen ideas de la academia y de las mejores prácticas en empresas líderes de muy diversas industrias, para crear modelos útiles que mejoran el desempeño

BCG y Bain tenían conocimiento especializado. Sabían cómo enfocar a las firmas en pocas áreas con mayores ventajas por medio del análisis de la estructura de costos, la competencia y los sectores de negocios. Crecieron mucho y rápido mediante estudios que produjeron grandes resultados con una investigación relativamente pequeña. Sus ideas básicas fueron conocidas por economistas y expertos en mercadeo desde hace una generación, pero nunca las habían combinado; y las implicaciones para empresas individuales nunca fueron pensadas y aplicadas de manera sistemática para mejorar resultados.

Observa a unos cuantos gerentes de excelente desempeño. Tendrán un denominador común: una suerte de hechizo que funciona en una firma e incluye conocimientos ignorados por otras. En BCG y Bain nos emocionaba pensar, a veces con presunción, que sabíamos cosas que nuestros clientes y rivales desconocían.

¿Puede transferirse el conocimiento único? Sí. Por ejemplo, Bill Bain se fue de BCG y fundó la empresa que lleva su nombre y es igualmente exitosa. Sin embargo, Bain & Company no era un clon de BCG. Aunque usaba el conocimiento único que ésta había creado, Bill instituyó un proceso de consultoría por completo nuevo. Dirigía su empresa de forma distinta a como operaba

BCG. Ésta era anárquica y se basaba en la brillantez individual, en tanto que Bain era centralizada y jerárquica; unos pocos mensajes salían del centro y eran reforzados a diario, al estilo soviético.

Como vimos en la Vía número uno, el éxito de Bill Bain se basaba en su aplicación del Principio: menos clientes, pero mejores y mayores. Durante sus primeros 15 años de existencia, Bain & Company trabajaba para una sola persona de cada una de las organizaciones de sus clientes: el presidente ejecutivo. Y concentraba toda su energía y recursos en pocos temas vitales que determinarían el éxito o el fracaso de la empresa. Al insistir en trabajar con estos preceptos, Bill Bain marginó a su firma de 99 por ciento de los ingresos probables por consultoría, pero se hizo único y se convirtió en una de las tres empresas más exitosas del mundo en su ramo. Las ganancias que obtenía de cada cliente eran 10 o en ocasiones 100 veces mayores a las que otras firmas obtenían. El argumento de Bill era que, si la firma obtenía un alto retorno por cada dólar empleado en consultoría, nadie podía decir que sus costos eran arbitrarios. Y dado que su firma se desempeñaba bien con su reducido número de clientes, las relaciones duraban mucho tiempo. Menos era más.

Me uní a Bain cuando el equipo entero constaba de unos cientos de personas, casi todos asentados en Estados Unidos. Ellos sabían que conquistarían el mundo valiéndose del poder de la fórmula Bain. En ese tiempo, ninguna otra empresa del ramo conocía la fórmula y yo dudo de que cualquiera de sus rivales la entienda verdaderamente hoy, por ser tan ajena a las prácticas estándares en la industria.

En 1983, cuando dos colegas y yo renunciamos para conformar LEK, pensamos que tendríamos éxito por el simple hecho de ser una alternativa al estilo de Bain, repitiendo la fórmula para los clientes que no obtuvieron los servicios de Bain. No fue así. LEK despegó en realidad cuando adaptamos las ideas aprendidas en BCG y Bain a una nueva era, la del análisis de adquisiciones. En lugar de copiar lo que nuestros competidores hacían, analizamos los objetivos de las adquisiciones usando técnicas de Bain y algunas desarrolladas en el camino. Mitt Romney, el candidato presidencial republicano, ofrece un ejemplo más espectacular de cómo tomar las ideas de una empresa exitosa aplicándolas en un nuevo contexto. A principio de los años ochenta, él y otros dos socios de Bain, conociendo bien el valor que representaban para sus clientes, se preguntaron si serían capaces de organizar un fondo para invertir el dinero en empresas y luego ayudarlas, como hicieron siendo consultores. En lugar de cobrar por consultoría, su nuevo negocio se llevaría una rebanada de las utilidades cuando la empresa se vendiera una vez mejorado su desempeño. Los tres colegas fundaron Bain Capital LLC en 1984, pero sin antecedentes no pudieron reunir mucho dinero de las instituciones usuales. Después de pasar el sombrero entre otros socios de Bain y sus amigos, juntaron 37 millones, cantidad diminuta, casi ineficiente para un fondo de este tipo. Sin embargo, en sus primeros 14 años, Bain Capital duplicó año con año el dinero de sus inversionistas.[65] El fondo maneja ahora 65 mil millones de dólares y es probablemente la firma privada en su tipo más exitosa del mundo, obteniendo ganancias mucho mayores incluso a las de la súper-redituable Bain & Company.

Pero el dinero no lo es todo. Más aún, si no crees en lo que haces, llevarlo a cabo por dinero se convierte en hábito autodestructivo. Creo que a esto se refería Ralph Waldo Emerson cuando dijo: "A veces, el dinero cuesta demasiado." Selectividad, ser dueño de tu carrera y búsqueda del conocimiento especializado, son actividades en extremo útiles: llevarán a un éxito que vale la pena, pero sólo si el trabajo significa mucho para ti de modo intrínseco. Así que ve a donde el trabajo tenga significado, porque sólo al encontrarlo crearás algo único y en verdad valioso.

Antes de decidir qué trabajo tiene más significado para ti, mira en tu interior.

---

[65] La tasa promedio interna de retorno era de 113 por ciento en inversiones capitalizadas (prospecto de Bain Capital y experiencia personal del autor).

Encuentra tu esencia

Los gerentes investigadores exitosos comprenden la importancia de identificar la esencia de su firma (ver la Vía número uno), y este proceso les resulta tan importante que están determinados en encontrarle un significado a su trabajo. Sólo trabajarán para una empresa que entienda *precisamente* qué es y qué hace, conoce su razón de existir y comprende la diferencia que puede introducir en el mundo. Ese tipo de empresa sabe quiénes son sus clientes esenciales y comprende lo que hace por ellos al utilizar a plenitud sus recursos esenciales: las capacidades únicas que ninguna otra firma posee. De acuerdo con el Principio, estas empresas se liberan de todo lo irrelevante para su destino, desechando a los clientes que otras firmas pueden servir igual o mejor, a los empleados que no creen en la esencia ni la refuerzan, y a las capacidades y actividades que nada tienen de especial. Es una odisea infinita distinguirte y tornarte más útil; se trata de un proceso de prueba y error, búsqueda para definir y afinar lo mejor, lo más singular y valioso para los clientes esenciales, la gente que más importa.

Un gerente que busca significado sigue una ruta similar. Necesitas hacerte consciente de tu personalidad esencial y habilidades al identificar los talentos que te apartan del resto y producen los mejores resultados; también del placer que deriva de tu trabajo.

Para obtener el significado de tu trabajo, debes pulir y afilar tus atributos esenciales para hacerlos más poderosos y apreciados más que nunca. No es fácil, pero responde a las siguientes preguntas y te dará algunas ideas:

- ¿Qué puedo hacer más rápido, de modo más elegante y con menos problemas que casi todos los demás?
- ¿Cuáles son los mejores resultados que he logrado en mi vida? ¿Cómo lo hice?

- ¿Quiénes son mis clientes esenciales, las pocas personas significativas dentro y fuera de la empresa más impresionadas con lo que puedo hacer y las que más valoran mi contribución?
- ¿Me identifico naturalmente con estos clientes esenciales y *realmente* quiero servirlos? ¿ Existe un grupo diferente o un subgrupo de los que ya tengo con los que me pueda identificar más?
- ¿Soy mejor pensando o haciendo las cosas? ¿Y qué tipo de pensamiento y actividad hago bien?
- ¿Qué pocas cosas disfruto o experimento más intensamente que otras? ¿Qué hago para "integrarme al flujo" en que el tiempo se detiene? ¿Por qué significan tanto para mí estas pequeñas cosas?
- ¿Cuándo he apuntado en una dirección que todos consideraban errónea, para después probar que estaba en lo correcto?

No te preocupes si no puedes responder algunas (o incluso todas) estas preguntas. Si las comprendes con propiedad, verás que se trata de cuestionamientos profundos diseñados para promover la reflexión y la experimentación personal, no las respuestas poco sinceras. Éstas pueden llegarte de modo gradual, quizá en el curso de varios años.

Si no estás seguro de tu esencia, experimenta con varios empleos —incluso con varias carreras gerenciales (por ejemplo, cambia de industria, cambia de producción a *marketing* o a cualquier otra)— hasta que encuentres tu nicho, el papel único que te permitirá alcanzar nuevas alturas. Pero asegúrate de que tu esencia sea congruente (o de que al menos sea prioritaria y compatible contigo) con la esencia del negocio en que trabajas. Si no lo es por el momento, cámbiate a una firma en que sea así.

Una vez que obtienes significado profundo, los límites entre el trabajo y el juego, el servicio y la expresión personal, la humildad y el éxito, las obligaciones y la libertad, se disuelven por completo. El significado lo trasciende, porque tu vida vale la pena y todos tus talentos y valores están comprometidos. El Principio nos dice que algunas características te distinguen de los demás. Las pocas cosas que realmente has llevado a la maestría y te preocupan hondamente te permitirán resultados de excepción.

Quince minutos de fama pueden ser efímeros, pero cinco de significado son eternos. Y hablando del tiempo... hay otra forma de practicar el juego gerencial que estamos a punto de explorar.

Vía número siete

El gerente rico en tiempo

*Para el hombre tribal, el espacio era el
misterio incontrolable. Para el hombre
tecnológico, el tiempo desempeña el mismo papel.*
Marshall McLuhan[66]

*¿Qué puede ser más estresante que
la diaria batalla contra el tiempo?*
Manuel Castells[67]

Michael Eisner, el legendario jefe del estudio cinematográfico Paramount y despúes de Walt Disney Company, dijo una vez que se había tomado una semana libre en 28 años. Normalmente trabajaba siete días a la semana. Cuando murió su colega de Disney, Frank Wells, Eisner alabó la ética de trabajo de Wells con estas electrizantes palabras: "El sueño era el enemigo de Frank. Decía que le impedía desempeñarse a la perfección 100 por ciento del tiempo. Siempre había una reunión más que él quería tener. El sueño, pensaba, le impedía hacer las cosas."[68]

Frank Wells murió en un accidente de helicóptero mientras se apresuraba para ir de una reunión a otra.

Eisner y Wells pueden ser casos extremos de ansiedad causada por el paso del tiempo, cerca de convertirse en pánico patológico. Pero muy dentro de todo gerente consciente yace un horror al ocio. Es parte de la llamada "ética de trabajo protestante" que,

---

[66] Marshall McLuhan, *Understanding Media: The Extensions of Man,* Routledge, Londres, 1993.

[67] Manuel Castells, *The Rise of the Network Society* (volumen 1 de *The Information Age: Economy, Society and Culture*), Blackwell, Massachusetts, 1996, p. 467 (nota 78).

[68] Citado en James B. Stewart, *DisneyWar. The Battle for the Magic Kingdom,* Simon and Schuster, Nueva York, 2005.

supuestamente, hizo a Estados Unidos y Europa tan productivos durante los últimos siglos. Si hubo una persona que exploró el vínculo entre la riqueza y el uso frugal del tiempo, ésta fue la figura de Benjamin Franklin:

> Si amas la vida, no malgastes el tiempo, porque de ese material está hecha la vida... Si entre todas las cosas el tiempo es la más preciosa, desperdiciarlo debe constituir la mayor prodigalidad... El tiempo perdido nunca volverá a encontrarse; y aquello que llamamos tiempo suficiente siempre resulta poco... El trabajo duro reconforta y provee, brinda respeto.[69]

Pero estos sentimientos, aunque enterrados en nuestra mente, tienen sentido sólo en el mundo preindustrial, el del trabajador agrícola independiente y el artesano que dependían de su propia habilidad. El juego es descrito en una de las pintorescas coplas de Franklin:

> El que por el arado pueda prosperar,
> ha de elegir entre avanzar o descansar.[70]

En las sociedades modernas, interdependientes y complejas, como vimos en la Vía dos, los mejores resultados exigen la colaboración con mucha gente. No somos autosuficientes; nos especializamos y cambiamos lo que producimos por las especializaciones de otros productores. En este mundo, esclavizar es menos útil que tener una idea brillante y explotarla. La ansiedad por el tiempo es innecesaria y contraproducente.

Seguro que Eisner fue un hombre muy exitoso. Cuando fue presidente ejecutivo, revivió a la marca Disney al hacer que la empresa retomara la animación, que era su esencia. Su ingreso

---

[69] Franklin, *op. cit.*, pp. 11, 12 y 16.
[70] *Ibid.*, p. 17.

operativo pasó de 300 millones de dólares en 1984, a cerca de 800 tres años más tarde. Sin embargo, un análisis interno demostró que casi todas las ganancias provinieron de tres decisiones clave: Eisner elevó los precios de los parques temáticos; aumentó el número de hoteles Disney; empezó a vender videos de los clásicos animados.[71]

¿Cuánto tiempo requirió para tomar esas tres decisiones?

La gran mayoría del impacto de Eisner provino de una diminuta fracción de su tiempo.

Más tarde, Eisner se enemistó con Jeffrey Katzenberg, quien se marchó para fundar Dreamworks con Steven Spielberg y David Geffen. Luego, tras una serie de malos resultados, Roy Disney, sobrino de Walt, lideró un golpe de Estado contra Eisner, quien fue forzado a renunciar en 2005. Su incapacidad para colaborar y su estilo abrasivo, "microgerencial" (según Roy), ¿fueron consecuencias del régimen laboral punitivo que se imponía? Probablemente nunca lo sabremos, pero su hiperactividad no tenía remedio.

¿Habría sido mucho más feliz y eficiente el señor Eisner de haber dispuesto de tiempo a manos llenas? Probablemente. Y todos en el Reino Mágico la hubieran pasado mucho mejor siendo también más productivos.

¿El tiempo siempre significa dinero?

Analiza los siguientes escenarios, que parecen incongruentes sin serlo:

- Los campesinos franceses medievales trabajaban menos de tres meses al año. De acuerdo con el historiador Graham Robb, "99 por ciento de la actividad tenía lugar entre el fin de la primavera y el otoño temprano." En caso de que estés pensando en conseguir una máquina del tiempo para volver a esa época, te comento que también afirma

---

[71] Stewart, *op. cit.*

que los campesinos estaban tan cortos de alimento que pasaban la mayor parte del resto del año en cama, pegados unos a otros para permanecer calientes y así comer menos.[72]

- En 1880, para cosechar un acre[73] de trigo en Estados Unidos se requerían 20 horas hombre. Ahora puede hacerse en minutos. No obstante, aunque la productividad individual de los campesinos aumentó más de 20 veces, Jeremu Rifkin sostiene que "los campesinos de hoy están más ocupados que nunca".[74]

- Aunque los historiadores debaten aún sobre el detonador de la Revolución Industrial en el siglo XVIII, los factores tecnológicos revolucionarios —como la invención y el perfeccionamiento de la máquina de vapor y la hiladora Jenny— se debieron a unos cuantos individuos creativos: un estrato muy pequeño de tecnólogos, gerentes y empresarios, muchos de los cuales venían de ambientes empobrecidos, que nunca constituyeron más de 1 por ciento de la población. Sin personas como James Watt (quien desarrolló la primera máquina de vapor viable) y Richard Arkwright (inventor de varias máquinas para convertir el algodón crudo en hilo de producción masiva), la Revolución Industrial y su explosión económica quizá no hubieran llegado nunca.

- Los mayores cambios en la estructura ocupacional de Occidente durante el último siglo fueron el continuo declive del número de trabajadores agrícolas, el aumento del número de obreros fabriles hasta 1970 y luego su disminución constante, y el aumento sostenido en el número de gerentes, profesionales y técnicos, que hoy en día

---

[72] Graham, Robb *The Discovery of France*, W. W. Norton, Nueva York, 2007.
[73] 4046.85 metros cuadrados. [N. del T.]
[74] Jeremy Rifkin, *The End of Work: The Decline of the Global Labor Force and the Dawn of the Post-Market Era*, Putnam, Nueva York, 2004.

conforman un tercio de todos los empleados.[75] Además de que hay más gerentes y empresarios que antes, estos grupos —sobre todo los que están en la punta de la pirámide— disfrutan de un aumento desproporcionado en su ingreso y riqueza.

• Un estudio reciente de las horas invertidas en el trabajo y la productividad, realizado en los 34 estados miembros de la OCDE, demuestra que los tres países en que la gente trabaja más horas (Grecia, Hungría y Polonia, en ese orden) están casi en el fondo de la lista en términos de productividad (ocupando los lugares 26, 33 y 34, respectivamente). En contraste, las tres naciones cuyos ciudadanos trabajan menos (Holanda, Alemania y Noruega, en ese orden) lo hacen bastante bien en términos de productividad (ocupando los lugares 5, 7 y 2, respectivamente). Así que existe una relación negativa entre las horas totales trabajadas y la productividad.[76]

La riqueza ha crecido de manera exponencial durante los tres últimos siglos. La diversión, el pensamiento y una buena dosis de ocio han sido tanto causas como consecuencias de una riqueza sin precedentes. En el curso de esta explosión de riqueza, el vínculo entre gasto de tiempo y creación de valor ha sido destrozado. ¿Qué es más valioso, una vida de romperse la espalda trabajando en el campo o inventar la cosechadora? ¿Cuarenta años de hacer caminos a pico y pala o un año soñando con el chip de silicón? La computadora personal e Internet son maravillas comparables a las pirámides, y mucho más útiles; además, se obtuvieron sin incontables horas de trabajo esclavo.

---

[75] *Ibid.*, pp. 304-307. Por ejemplo, en Estados Unidos gerentes, profesionales y técnicos comprendieron 22.9 por ciento de la fuerza de trabajo en 1960; este número subió a 29.7 por ciento para 1990. En el Reino Unido, el incremento fue todavía más dramático: de 11.4 por ciento en 1961 a 32.8 por ciento en 1990. En Japón, la tendencia fue similar, pero no tan pronunciada: de 6.89 por ciento en 1955 a 14.9 por ciento en 1990.

[76] http://www.bbc.co.uk/news/magazine-17155304, consultado el 22 de noviembre de 2012.

El valor del tiempo, al igual que todo lo demás, puede explicarse por medio del Principio. Menos de 20 por ciento del total del tiempo trabajado lleva a más de 80 por ciento de la creación de riqueza; y no sólo de actividades relacionadas con el dinero, sino de las que definen a una sociedad civilizada, como extensión de la educación, seguridad social y creación de objetos bellos. Un mes en la vida de Albert Einstein produjo mucho más de lo que varios produciremos en una vida. Si esto suena deprimente, considera que en una hora o un año de tu vida podrías lograr algo cientos o miles de veces más valioso que cualquier otra cosa que hayas creado.

El valor no se relaciona con el tiempo, sino con las ideas, la colaboración y el poder de nuestra voluntad para hacer lo que hacemos. Mientras más subimos en la escala del valor, más cierto resulta esto. En el trabajo creativo (que incluye el de los gerentes) el valor rara vez se relaciona con el tiempo.

Una vez que nos percatamos de esto, nos volvemos libres. No debemos temer de nuevo no tener "tiempo suficiente". El tiempo mismo no crea estrés. Nosotros lo creamos al pensar que nuestro valor es definido por la cantidad de tiempo que invertimos en las cosas.

Sin embargo —y creo que ya sabes a dónde voy—, hay paradojas que se acercan a lo irónico, de tan numerosas, en la vida actual de los gerentes. En las sociedades desarrolladas, la gerencia ha liberado a la mayoría de las peores formas de la necesidad, desde depender del trabajo físico para ganar dinero hasta el yugo impuesto al tiempo de una persona cuando se mide su trabajo por horas. Sabemos que pequeñas cantidades de esfuerzo pueden llevar a resultados sorprendentes; e igualmente, sabemos que buena parte del esfuerzo queda sin recompensa.

No obstante, actuamos como si las cosas fueran al contrario.

Si el Principio aplica, algunas cosas que haces deben ser entre 10 y 20 veces más valiosas que el resto. Considera una semana laboral de cinco días. Cada día es 20 por ciento de la semana. Imagina que haces todo lo que tienes que hacer cada lunes: 20 por ciento del esfuerzo que produce 80 por ciento del valor. Llegada la noche del lunes, habrás trabajado sólo una quinta parte de la semana, pero habrás producido cuatro quintas partes del valor. Ahora imagina que el martes trabajas también sólo en lo que importa, de modo que, una vez más, una pequeña cantidad de tiempo rinde muchísimo. Cuando vayas a casa esa tarde, habrás logrado 160 por ciento de tu rendimiento semanal (2 x 80 por ciento). Por supuesto, se justificaría que te tomaras los otros tres días libres, ¡dado que ya has logrado 60 por ciento más de lo que haces en una semana normal!

Unas pocas decisiones clave, que casi no requieren tiempo, tienen mucho más impacto que todas las otras cosas que haces. Y mientras mayor eres, es más probable que sólo una decisión logre 99 por ciento de los resultados valiosos. En estos casos, el Principio 80/20 se convierte en el Principio 99/1. Y aun así, la práctica común en el mundo gerencial niega a casi todos la posibilidad de hacer las cosas de esta forma.

La primera persona que realizó investigaciones sistemáticas respecto de lo que en realidad hacen los gerentes, sin creer al pie de la letra lo que decían llevar a cabo, fue el académico canadiense Henry Mintzberg. Su tesis doctoral, escrita en 1973, tenía el título de "El gerente en el trabajo: determinar sus actividades, roles y programas por medio de la observación estructurada." Este trabajo acabó con el mito de que los gerentes *senior* piensan mucho y duro sobre el futuro a largo plazo de sus empresas.

El cuadro que ofrece Mintzberg fue muy claro. Los gerentes se la pasaban *haciendo cosas,* esclavos de una eterna crisis, de una actividad a otra y siendo interrumpidos de modo constante. Midió el tiempo que invertían en cada asunto y llegó a la conclusión de que el promedio era de sólo nueve minutos. La cantidad de trabajo triunfaba sobre la calidad; la velocidad triunfaba sobre la reflexión. Los gerentes no planeaban; se confundían.

Y ahora lo más intrigante de todo: les gustaba trabajar así, mediante la variedad, los remedios rápidos y el aumento de adrenalina. Preferían lo concreto a lo abstracto, lo actual a lo futuro, las emergencias a la operación meditada que no requería de su participación.[77]

¿Te suena familiar?

La mayoría de los comentaristas que lamentan la falta de reflexión de los gerentes culpan a las demandas y limitaciones organizacionales. Pero los gerentes deben mirar en su interior, porque ahí está el problema.

Para operar en un tiempo 80/20, la prioridad es identificar los aspectos más valiosos de tu trabajo. Luego requieres de libertad y confianza en ti mismo para concentrarte en esas áreas e ignorar todo lo demás. Sobre todo, necesitas temperamento y disciplina para pensar antes de actuar, resistir las tentaciones y trabajar sólo en aspectos vitales, en verdad valiosos.

Nada de esto es fácil. Es difícil hacer que tu trabajo importe. Tu entrenamiento, experiencia y hábitos dificultan que te concentres en asuntos importantes. Tomarte tu tiempo, tener calma y deliberar requiere de un rompimiento abrupto con el pasado y la conducta de tus colegas. Incluso si la crisis es trivial, resulta más emocionante arreglarla tú mismo a que tu subordinado lo haga o se arregle sola.

Por ello, quienes logran mucho en la vida no trabajan normalmente dos días a la semana y a los gerentes les cuesta trabajo relajarse e irse a casa a una hora decente. Y es por esto que las decisiones realmente importantes, que requieren sensibilidad ante el mercado, exigen escuchar las opiniones de los clientes, llevan a ubicar nuevos competidores lejanos, requieren de imaginación y coraje —las decisiones ocasionales que podrían ser parteaguas en la fortuna de una firma y de un gerente— esas decisiones rara vez se toman. Parece que no hay tiempo para atender nada que

---

[77] Henry Mintzberg, *The Nature of the Managerial World*, Harper and Row, Nueva York, 1973.

requiera más de nueve minutos. Así que se toman decisiones triviales a costa de las esenciales.

Sin embargo, la verdad es que hay tiempo más que suficiente. Lo desperdiciamos al enfrentar las emocionantes "crisis" o asistiendo a reuniones sin sentido. Fragmentamos nuestro tiempo en lugar de consolidarlo en grandes periodos para escapar a la tiranía del momento, pensar con calma cómo hacer que el futuro sea en verdad mejor que el presente.

La firma, el negocio, no son los culpables.

Nosotros lo somos. No tenemos la suficiente entereza para salvar nuestro tiempo y usarlo en lo que realmente importa.

Pero si aceptamos esa realidad, la respuesta a los problemas está en nuestras manos. Podemos superar nuestro pánico al tiempo.

Como ya vimos, existen dos tipos de gerentes. La mayoría está en exceso ocupada, sufriendo por la sensación de que siempre está retrasada y rara vez, si acaso, se pone al corriente. Son molestados, está estresada y carecen de tiempo. Llegan temprano. Se van a casa tarde.

También están los gerentes 80/20. Esta minoría pasa por la oficina con una sonrisa en el rostro. El día transcurre sin sentir presión (al menos en apariencia). Siempre son amables y demuestran entusiasmo. Sonríen. Están satisfechos cuando se van a casa a una hora razonable.

¿Cómo lo logran?

Ahorrar tiempo haciendo las cosas de manera distinta

Alex Johnstone, gerente de 40 años cuya carrera he seguido durante más de dos décadas, y uno de los líderes más eficientes que conozco, puede decirte cómo lograrlo. Dejó la escuela a los 18 años y nunca se molestó en obtener un grado. A los 19, abandonó las profundidades rurales de Lincolnshire y laboró como archivista y asistente de oficina para una pequeña firma que yo dirigía entonces. Me fijé en él seis meses después, cuando uno de mis gerentes me propuso emplearlo en una actividad de consultoría. En ese momento, esa industria estaba muy acostumbrada a emplear recién graduados, incluso en el rubro de artes liberales, para actividades de consultoría. Pero un adolescente no calificado y con acné me pareció demasiado. Aun así, dado que estábamos cortos de personal, estuve de acuerdo, siempre y cuando Alex no tuviera contacto directo con el cliente.

No fue así. El camello había metido la nariz en la tienda. La investigación de Alex fue tan buena que le permitimos visitar al cliente (un nombre famoso). Poco después, lo tenía comiendo de su mano.

Con sus poco más de 20 años, Alex nos dejó para irse a trabajar en Goldman Sachs, banco de inversión global. Fue su primer profesional sin carrera. Pasado poco tiempo, lo mandaron a Nueva York por seis meses para recibir entrenamiento intensivo. Ahora es la cabeza de las operaciones africanas para un gran banco estadounidense. Entre tanto, se distinguió lanzando una nueva línea de productos de enorme éxito.

Alex multiplicaba las utilidades de todas las unidades de negocios puestas en sus manos. Pero nunca trabajaba largas horas. Nunca lo interrumpían las emergencias que parecen afectar a los gerentes. Y por lo regular está disponible para compartir la comida: buena medida, según yo, para saber si un gerente comprende realmente el Principio.

Hace poco tiempo me encontré con él en Ciudad del Cabo y le pregunté cómo hace las cosas. Ésta fue su respuesta:

> Pues mira, algunas cosas son muy importantes, pero no muchas. Busco actividades de alto impacto, que hacen la diferencia, pero que también se realizan rápido. Soy responsable del mercadeo de 15 a 20 productos. Para cada cliente o cliente potencial, pienso en tres o cuatro

productos que les irán bien, que realmente necesitan. Ni me molesto con los otros productos, a menos que alguien me los demande. Me acerco a los que deben tener más interés e insisto en tener una reunión.

Elijo uno o dos productos tras investigar con cuidado por qué deben desearlos. Luego escucho. Si estoy equivocado, lo estoy y ya. Pero por lo regular terminan comprando uno de los productos.

Escuchan porque mi equipo se tomó la molestia de ponerse en el lugar del cliente y comprender lo que quieren. Soy muy selectivo con la gente a la que me acerco. Deben ser clientes grandes o tener potencial de crecimiento.

¿Qué puede ser más fácil?

"Pero sé que no es tan simple", le respondí. "Toda firma grande tiene muchas políticas y bobadas corporativas. Existen procedimientos, estrategias y otras distracciones. ¿Cómo evitas desperdiciar tu tiempo en todo eso?

Sí, sé a qué te refieres. Hay cosas que requieren de mucho tiempo y te tienen bajo impacto, pero las exigen desde arriba. Ahora mismo, debo elaborar tres estrategias para una parte de mi área. En mi opinión, no es necesario hacerlo. Algunos gerentes lo toman muy en serio y se pasan días o semanas en una presentación e integrando pesados tomos de investigación y documentos anexos. En realidad, si mi jefe quiere saber si estamos en la misma línea estratégica, basta con una llamada, pero no es así y no puedo rehusarme a hacerlo.

Así que me las arreglo para minimizar el tiempo que mi equipo y yo invertimos en esto. Hago reportes con

precisión y profesionalismo, pero no permito que domi-
nen mi semana.

Primero me pregunto qué de lo requerido ya hicimos
y parto de ahí. La semana pasada me di cuenta de que alguien en Nueva York podía ayudarnos, así que la llamé y
le dije: "Hey, Mary, ¿tienes investigaciones sobre esto?",
y respondió que sí. Me envió un correo electrónico de inmediato y ahí tenía todo lo que necesitábamos. Ahora sólo
debo adaptar la información al nuevo marco regulatorio
y combinarla con lo que tenemos. Me tomará una hora,
no una semana. Así puedo tener varias juntas con los
clientes esta semana y traer nuevos negocios a la empresa.

Esto *no* es igual a la administración del tiempo. Ya conoces la idea:
ordena las tareas según su importancia en "A", "B" y "C" y empieza con la "A". El problema es que terminas con un montón de
prioridades "A" y "B".

No necesitas administrar el tiempo; necesitas administrarte
a ti mismo: debes darte la oportunidad de pensar con calma y cuidado sobre lo que deseas lograr durante tu día, semana o *vida*.

Los "gerentes del tiempo" ordenan sus tareas asignándoles
una hora o incluso ventanas de 10 minutos y ven qué sucede. Esto
los pone en la ruta de una vida de fracaso y frustración. Los acontecimientos inesperados *siempre* se entrometen —por lo regular se
trata de cosas triviales, como el correo electrónico, las llamadas telefónicas o una visita casual del jefe— y echan a perder cualquier
plan, por cuidadoso que sea. El manejo del tiempo implica que
microadministras tu trabajo; se trata de autoopresión.

En lugar de eso, libérate de las pequeñas cosas para que
veas el panorama general. Actúa como si tuvieras todo el tiempo
del mundo, porque tu mejor trabajo es muy valioso. Sé tu propio
director y ten confianza en ti mismo.

Para usar bien el tiempo, debes ir a contracorriente. A
Alex le ayudó no ir a la universidad y luego obtuvo su primer

trabajo en una firma pequeña dirigida por rebeldes. Era un inconforme criado por otros inconformes.

A principios de la década de 1980, en Bain & Company casi todos trabajaban hasta desfallecer. Pero Olivier Roux llegaba a las nueve y se iba a las cinco o seis. No perdía tiempo viendo cómo pasaban las horas; llegaba y ponía manos a la obra de inmediato cada día. Olivier era poco común, casi único, porque Bain lo había contratado cuando ya trabajaba para uno de sus clientes europeos, en lugar de provenir de la escuela de negocios o de otra empresa de consultoría. En esa época, los trabajos de nueve a cinco eran usuales en las oficinas corporativas europeas. Olivier ajustó las necesidades del nuevo trabajo para que cupiera en su viejo horario, lo que funcionó en su favor. Al principio, de modo inevitable, su manejo del tiempo levantó más de un par de cejas. Pero una vez que fue claro que cumplía con su trabajo, su conducta fue interpretada como inofensiva extravagancia. (Hay una lección aquí: si quieres un horario menor al de tus colegas, ¡hazlo desde el día uno!)

Si el objetivo es contratar personas con potencial para convertirse en gerentes 80/20, yo elegiría a los habituados a seguir un patrón de trabajo civilizado; a los más reflexivos, fuertes en el pensamiento y en la acción; y también a rebeldes por naturaleza. No encontrarás muchos en el mundo corporativo estándar, así que yo contrataría directamente de las universidades (siempre y cuando no te enfoques en estudiantes de negocios, rubro que atrae y refuerza el conformismo) y de esos sectores vibrantes de la economía global no infectados por el virus de las largas horas.

Menos tiempo en el trabajo y mejores resultados

En 2008, los investigadores Leslie Perlow y Jessica Porter entrevistaron a mil profesionales: contadores, abogados, banqueros inversionistas, consultores y demás. Descubrieron que 94 por ciento pasaba más de 50 horas a la semana en el trabajo y casi la mitad trabajaba más de 65 horas. Unas 20-25 horas semanales transcurrían fuera de la oficina para atender *mails* en las *blackberries,* de manera que el total de horas por semana iba de 70 a noventa.[78]

Perlow y Porter también condujeron un experimento en el Boston Consulting Group. A algunos equipos consultores se les ordenó tomarse un día y una tarde libres; no estaba permitido usar el correo electrónico ni el de voz. Entre tanto, otros equipos de "control" siguieron sus actividades comunes. Pasados cinco meses, los investigadores pidieron a consultores y clientes calificar sus experiencias. Estoy seguro de que adivinas los resultados. Los equipos obligados a tomar días de descanso tuvieron mejor calificación, y no sólo en lo relativo al equilibrio vital sino respecto a la satisfacción laboral, el aprendizaje, el desarrollo personal y la comunicación abierta con los demás integrantes del equipo. Más aún, sus clientes reportaron mayor valor que los clientes de los grupos de control. Menos es más.

No obstante, yo pienso que este experimento fue tímido. ¿Cuándo llegará alguien con valor para probar qué sucedería si un equipo es obligado a tomarse dos días enteros a la semana, luego tres y luego cuatro? Veamos qué sucede cuando sólo se trabaja un día y una noche a la semana.

Ocho maneras de volverte rico en cuanto a tiempo

Hay ocho pasos simples para trabajar menos horas y obtener mejores resultados. Pero antes de abordarlos, cambia tu actitud. Piensa en ti como si pertenecieras a un grupo selecto y revolucionario que ha hecho un descubrimiento crucial: pocas cosas en la vida importan, pero importan mucho. Lograrás grandes cosas si lo haces a tu modo, si nadas contra la corriente.

---

[78] Leslie A. Perlow y Jessica L. Porter, "Making Time Off Predictable and Required", *Harvard Business Review*, octubre de 2009, pp. 102-109.

¿Estás listo para hacerlo? ¿Estás preparado para concentrar toda tu energía en lo que importa e ignorar lo que no importa? De ser así:

1. *Maximiza tu libertad de trabajar como quieras.* Maneja tu tiempo en el trabajo con la misma libertad con que lo administras fuera del trabajo. Algunos trabajos (incluso los que implican alta responsabilidad y son bien pagados) ofrecen pocas oportunidades para ejercer esta libertad. Un piloto comercial o un conductor de trenes debe seguir rutas preestablecidas y apegarse a detalladas instrucciones de seguridad. Un conductor de camión o un boletero del tren tiene libertad limitada, pero no tanta como la de los pilotos o conductores, por eso la expectativa de vida de los conductores es más corta. El Principio no les sirve de gran osa a pilotos de avión o conductores de tren, pero quienes no seguimos una lista prescrita de actividades podemos trabajar sólo en las actividades que dan grandes resultados con menor esfuerzo. Si eres feliz desempeñando un trabajo con poca libertad para elegir cómo hacerlo, estás leyendo el libro equivocado. Pero si te gusta la idea 80/20, tiene sentido planear tu carrera para obtener más y más libertad.

   Hace tiempo trabajé en lo que ahora llaman de modo estúpido "recursos humanos" (por Dios, todos somos humanos, no recursos: ¡no somos lo mismo que el capital, los materiales o las ideas!), y existía una teoría llamada "lapso de tiempo discrecional". Fue desarrollada por Elliott Jaques, un psicólogo canadiense que fundó el revolucionario Instituto Tavistock de Relaciones Humanas, en el Reino Unido. (También acuñó la frase "crisis de la edad madura", mejor tratada por los años.) Según Jaques, los gerentes deben ser pagados según el tiempo que toma saber si su trabajo fue exitoso. A mayor tiempo, mayor salario. Esto fue mucho antes de que los principales ejecutivos comenzaran a ser evaluados por resultados trimestrales.[79]

Jaques apuntaba en la dirección correcta, pero su teoría me parecía cuestionable porque se ganaba más mientras más tiempo se evadiera la responsabilidad. Sin embargo, esta teoría contiene una verdad de oro: la creación de riqueza y bienestar depende de la libertad, de la discrecionalidad para actuar.

Con más libertad, puedes relajarte y divertirte más. Así que emprende una larga y sostenida campaña para aumentar tu discrecionalidad. Gana un poco de libertad cada día, mes y año. Haz rápido lo que tu jefe exija; y luego cosas más útiles. Gánate su confianza, facilítale la vida para ser visto como aliado incondicional.

Esto puede requerir tiempo. Uno de mis jefes creía en el tiempo invertido más que en los resultados. Me enviaba pilas de datos y artículos (que me parecían por entero irrelevantes) para revisar, analizar o comentar cada uno. Poco tiempo después, los artículos ya saturaban la bandeja de entrada de mi escritorio y eran almacenados en piso y anaqueles. Reconocía el reproche cada vez que mi jefe veía los materiales pendientes. ¿No me daba cuenta del significado de todo esto?

Mi respuesta fue firme: sólo trabajé en lo que mi jefe pensaba que debería hacer y le presenté varias ideas y proyectos que lo dejarían bien ante el comité ejecutivo de la empresa. Entre tanto, comencé una campaña silenciosa para trabajar —en la práctica, no de modo oficioso— para el jefe de mi jefe. Ignoré la cultura de desperdicio de tiempo que había en la empresa e hice lo que llevaba a resultados valiosos. De algún modo logré salirme con la mía, y lo mismo harás tú con un poco de suerte y astucia.

---

[79] Elliott Jaques, *Equitable Payment: A General Theory of Work, Differential Payment, and Individual Progress*, Heinemann, Londres, 1961.

Pasa más tiempo fuera de la oficina, en casa, visitando contactos o en un lugar remoto. No digas a tus colegas dónde estás. Apaga tus aparatos móviles. La libertad aumenta con la distancia y la inaccesibilidad.

También aumenta el trabajo correcto: si un avión está retrasado, el personal de tierra comete errores, una repentina tormenta obliga a cerrar el aeropuerto, si sucede cualquiera de estas cosas, el piloto nada puede hacer. Él tampoco podrá satisfacer a sus clientes y ni llegará a casa a tiempo. Sólo logrará irse a sentar malhumorado a la cabina de mando. Como me dijo un piloto, el único momento en que casi nada sale mal, es cuando se está volando.

2. *Elige sólo* una *prioridad cada día y trabaja en ella.* Es imposible enfatizar demasiado la importancia de esto. Tu eficiencia aumentará de modo exponencial si sigues esta regla básica.

Cuando llegues al trabajo el lunes por la mañana, *no* leas tus correos, ni platiques con tus colegas; no vayas a una junta, no prosigas lo que dejaste pendiente el viernes, ni uses el teléfono. Siéntate tranquilo y pregúntate: "¿Qué puedo lograr hoy que justifique el trabajo de toda la semana?" Si tienes dos tareas igualmente valiosas, escoge la que puedas cumplir más fácil y rápidamente.

Después, no hagas nada más hasta completarla.

Puedes lograrlo en cinco minutos, una hora o una mañana. En condiciones excepcionales, podría llevarte todo el día hacerlo. Si se requiere más para lograrlo, elegiste la tarea equivocada. La siguiente ocasión elige algo de alto impacto que logres con rapidez.

Una vez alcanzado el objetivo, relájate. Conversa con tus colegas, come con alguien, visita a un cliente o conocido cuyo consejo pueda ayudarte a ti y a tu negocio. Luego ve a casa a la hora indicada.

El martes repite el procedimiento, pero con menos urgencia. Después de todo, ya hiciste el trabajo que justifica una semana el día anterior. Pasa todo el miércoles o el jueves fuera de la oficina. Otro día, atiende las inevitables labores administrativas tan rápido como sea posible y luego prémiate yendo a casa temprano. El viernes, piensa en la tarea más importante para la semana entrante. Luego en los proyectos de largo plazo o en las prioridades para tu equipo y firma. Si te sobra tiempo, trabaja en lo más importante que puedas cumplir en una hora o dos, y ayuda a un colega a realizar una de sus tareas clave.

En ningún momento hagas lista de pendientes. Como sólo tienes una prioridad cada día, la recordarás con facilidad. De hecho, ni siquiera tendrás que recordarla, porque estarás haciéndola, ¡o ya la habrás terminado! Si alguna vez te descubres haciendo lista de pendientes, rómpela y regresa a la prioridad número uno.

3. *Piensa antes de actuar.* La mayor parte de las acciones son innecesarias, así que edítalas. Cultiva el arte de la inactividad calculada. Vacúnate contra la plaga del estar muy ocupado, ese mal que infecta a tus colegas. Antes de hacer algo, considera si está dentro de 20 por ciento de las cosas vitales o en el rango de 80 por ciento que no lo son. Si la actividad recae en esta última categoría, no la hagas. Un gerente 80/20 no debe hacer cuatro quintas partes de lo que solía. El arte de pensar con calma y de la inactividad calculada es tan ajeno al mundo de los negocios, que debes esforzarte de modo consciente para cambiar tu conducta: se trata de algo que pertenece a 20 por ciento que sí importa.

4. *Identifica las pocas causas de éxito en tu firma o equipo.* Comprende la esencia: clientes vitales, recursos y acciones más importantes para tu éxito (ve la Vía número uno). ¿Qué puede hacer tu equipo para cambiar las cosas en tu favor?

5. *Escucha a tus clientes esenciales.* Diseña una forma de hablar con 20 por ciento de los clientes que dan 80 por ciento de tus ganancias (de nuevo, consulta la Vía número uno). Pregúntales qué desean y hasta ese momento no tienen. Luego provéelo.

6. *Haz de tu equipo uno de gerentes 80/20.* Si el Principio funciona y haces que tu gente trabaje cinco días a la semana, anticiparás al menos cuatrocientos por ciento de mejora en desempeño en cuanto se conviertan en gerentes 80/20. Y no seas tacaño: dales la libertad y el tiempo del que tú disfrutas. Quítales algo de peso y ayúdalos al realizar tu papel ocasional de mentor (ver la Vía número tres para mayores detalles). Su desempeño se irá a las nubes.

7. *Identifica 20 por ciento de tu trabajo que deriva en 80 por ciento de felicidad y eficiencia.* Aumenta el tiempo que inviertes en estas actividades hasta convertirlo en mayoría. Identifica también 20 por ciento de las actividades que llevan a 80 por ciento de tu *in*felicidad e *in*eficiencia *y córtalas de tajo.*

Cuando eres feliz y eficiente en el trabajo, el tiempo vuela. No sientes su paso. Cuando te sientes infeliz e improductivo, el tiempo se arrastra. Elimina esas "islas de infelicidad" —todas las actividades del trabajo que hacen que tu corazón se hunda— porque arrojan una sombra sobre toda tu vida. (Ver la vía número seis para mayores detalles.)

8. *Reduce de modo progresivo tus horas de trabajo.* En los años cincuenta, C. Northcote Parkinson, historiador de la marina británica, propuso una teoría que lleva su nombre: "El trabajo se expande", escribió en su *Parkinson's Law,* "para llenar el tiempo disponible para terminarlo."[80]

Las horas de trabajo son arbitrarias. Hacerlo ocho horas es una convención de nuestros días, pero no tiene ninguna

---

[80] Una versión actualizada del libro sigue disponible: C. Northcote Parkinson *The Law*, Penguin, Harmondsworth, 1981.

base lógica o económica; se trata de algo puramente cultural. Durante la Revolución Industrial, en Gran Bretaña se trabajaba hasta 15 horas al día en las fábricas, lo mismo hombres, mujeres o niños. Lord Ashley trabajó en pos del Acta de Fábricas de 1847, que limitaba las horas de trabajo para mujeres y niños —no para los hombres— a 10 al día, seis veces a la semana. Los dueños de los molinos advirtieron que la legislación llevaría al desastre. Sin embargo, en la Gran Bretaña de hoy, los ingresos reales promedio son veinte veces mayores que en 1847. El ingreso por hora es cuarenta veces mayor. La productividad se dispara cuando el tiempo es escaso: cuando los salarios son altos, la innovación es obligada. El camino a la riqueza, lo mismo para individuos y sociedades, consiste en reducir las horas de trabajo.

Debemos realizar algunos nuevos experimentos para ver si la menor cantidad de horas eleva o reduce la productividad.

¿Cómo será la semana laboral dentro de 50 años? Si se vuelven a reducir las horas, apuesto a que la diversión y la felicidad serán mayores, mientras el desempleo será menor.

Establece un objetivo sobre el número de horas que quieres trabajar a la semana. Reduce cinco a la semana actual hasta llegar al objetivo. Trabajar menos horas te obligará a concentrarte en lo esencial.

Diez trampas del tiempo que debes evitar

Aumenta tu disponibilidad de tiempo al evitar o eliminar:

1. *Trabajo que es pérdida de tiempo, pero realizas de todos modos.* Casi todos los gerentes, incluido el jefe, deben hacer algo que no tiene sentido. Debes minimizarlo y dedicarte rápido a lo inevitable.

2. *Trabajar para un mal jefe.* Además de intentar envenenar su café o contratar a un matón, sólo existe una solución: encontrar un nuevo jefe, dentro o fuera de la firma. Hazlo ahora.

3. *Trabajar para una firma que no va a ninguna parte.* Si la empresa no avanza, tampoco tú.

4. *Trabajar con colegas de bajo nivel.* No te asocies con personas a las que no respetas.

5. *Las reuniones largas y aburridas.* Sáltalas.

6. *Correos electrónicos.* Amo el *e-mail,* puede ser eficiente divertido y no intrusivo. Pero la mayoría de nosotros lo usamos en exceso y le dedicamos mucho tiempo. Proponte atenderlo en dos sesiones diarias: una después de tu tarea importante diaria y la otra una hora o algo así antes de abandonar tu oficina. Luego, sal de tu bandeja de entrada.

Nunca veas el correo electrónico al llegar a tu trabajo, y no respondas correos de la oficina en casa. Reduce el número de los que respondes y recibes. No respondas a menos que, al hacerlo, logres algo importante y evita ahondar sobre el tema. No marques copia a tus colegas en los correos, a menos que sea esencial (rara vez lo es). No ofrezcas opiniones si no conducen a una decisión inmediata. (En 99 por ciento de los casos, no será así; sólo provocarás una larga lista de correos y el consiguiente desperdicio de tiempo para todos.)

No lo uses cuando algo es urgente o requiere de un diálogo extendido para tomar decisiones. Llama por teléfono y decide en ese mismo momento.

No respondas correos intrascendentes. Si no lo haces, quien los manda te llamará o no te dejará en paz. Si respondes a cada uno, promueves que te manden más y más. Convierte el botón de "suprimir" en tu mejor amigo. Responde sólo 20 por ciento de los correos que recibiste hoy; eso te dará 80 por ciento de beneficios y mucho tiempo libre.

7. *Responder llamadas telefónicas.* Pásalas a tu secretaria. Evita las interrupciones. Si la llamada no es importante, ignórala o manda un correo rápido para terminar la discusión.

8. *Cualquier cosa que no beneficie a los clientes de algún modo.* Si no puedes justificarlo en beneficio de tus clientes, no lo hagas.

9. *Proyectos que se han sobregirado.* No son 80/20 o están mal manejados. En ambos casos, evítalos.

10. *Información.* La mayoría de los gerentes pasa mucho tiempo reuniendo y procesando información. No necesitas saber todo lo que la empresa hace, cuál es el último chisme, el precio de las acciones o qué tal le va al mercado.

La mala información desplaza a la buena. Una gran cantidad de datos hace difícil discernir cuáles en verdad importan.

Aumenta tu acceso a la "información más inusual": la que viene de fuentes que tus colegas desprecian o no conocen (ver la Vía número dos para más detalles). Al igual que sucede con la comida, un poco de información de alta calidad es mucho mejor que un montón de basura. Y siempre es mejor cocinarla tras obtenerla de fuentes frescas.

¿Por qué no existe la escasez de tiempo?

Parkinson y Pareto sugieren que el tiempo no es escaso.

¿Has trabajado alguna vez en un proyecto largo? ¿Se desperdició el tiempo al principio y en el curso del mismo, antes de que la productividad subiera cuando la fecha límite comenzaba a ser una amenaza? El problema radica en el trabajo trivial, no en la falta de tiempo. Si 80 por ciento de lo que haces contribuye sólo a 20 por ciento del trabajo valioso, podemos prescindir de ello.

Puede sonar ilógico, pero los descubrimientos suelen proceder del ocio y la ineficiencia. Por ejemplo, Alexander Fleming era un hombre desordenado que dejó su laboratorio hecho un lío y se fue de vacaciones. Regresó el 3 de septiembre de 1928 para encontrarse con que una de sus cajas de Petri estaba invadida por un hongo. Intrigado, creció el hongo en un cultivo puro y creó un "jugo de moho" que, según descubrió, podía matar a las bacterias. Rebautizado como penicilina, este jugo ha salvado millones de vidas a lo largo de las ocho décadas pasadas. Si Fleming hubiera sido un científico disciplinado que nunca se tomaba vacaciones o si hubiera invertido mucho tiempo en la trivial labor de la limpieza de su laboratorio, tal vez nunca habría hecho este descubrimiento revolucionario.

Existe una elegante belleza en la forma en que la humanidad progresa. No lo hace por medio de la esclavitud o del trabajo duro; tampoco contra reloj. Se debe a que estar en calma y paz es una condición necesaria para hacer mejor uso del tiempo.

Al convertirte en alguien rico en tiempo, mejoran mucho tu salud y tus relaciones. También es el camino para alcanzar todo tu potencial.

Pero no pienses que será fácil. Al descartar lo trivial y concentrarte en lo esencial, rechazas hábitos de toda la vida. Mucha gente que opta por una revolución temporal sufre síntomas de abstinencia serios: extraña las distracciones triviales, no sabe qué hacer con la súbita abundancia de tiempo libre. Así que antes de convertirte en alguien rico en tiempo, debes comprometerte en serio y emocionarte por hacerlo. Estás a punto de cruzar el abismo para llegar a la plenitud del tiempo; necesitarás determinación y coraje mental para llegar al otro lado.

La siguiente vía es igualmente efectiva al generar resultados extraordinarios a partir de un esfuerzo ordinario. Y acaso dé la impresión de ser más fácil de dominar. Pero, como estamos a punto de descubrir, simplificar tu trabajo puede resultar mucho más truculento de lo que parece.

Vía número ocho

El gerente simplificador

La simplicidad es la sofisticación máxima.
Leonardo da Vinci

Esa es nuestra forma de ver las cosas. Muy simple…
Nuestra forma de dirigir la empresa, el diseño de producto,
la publicidad, todo se resume en esto: hagámoslo simple.
Realmente simple.
Steve Jobs[81]

Hace una década o algo así, trabajé dos años como gerente en una empresa grande. Durante ese tiempo, fui testigo de una competencia entre dos gerentes que se disputaban el puesto de director general. Jack (se trata de un seudónimo), inteligente y bien relacionado, era miembro de la familia fundadora de la empresa. Craig (otro seudónimo), menos sofisticado, venía de un medio modesto y era más una persona mundana que bien educada en el sentido tradicional. Ambos eran agradables, trabajadores y dedicados, pero tengo una imagen mental muy distinta de cada uno de ellos.

Veo a Jack, con una bandeja de entrada llena, en la que ha trabajado heroicamente. Le suele tomar la mayor parte de la mañana. Era concienzudo y diligente al contestar cada carta, correo y solicitud telefónica. Era un pez gordo en la organización Young Presidents y viajaba frecuentemente por todo el país y el extranjero gracias a ese puesto. Nunca vi a Craig revisar su bandeja de entrada ni consultar un calendario o una hoja de papel. Llevaba sus juntas en la cabeza.

---

[81] Isaacson, *op. cit.*, p. 126.

Jack dirigía cerca de la mitad de la organización, en tanto Craig se encargaba de la otra mitad; cada uno fue anfitrión de un retiro corporativo durante el tiempo que estuve en la compañía. Asistí a los dos, fui tal vez la única persona que lo hizo, y me impactó el contraste. El retiro de Jack fue fascinante, puesto que analizamos todos los recovecos del negocio bajo su control. El de Craig fue bastante aburrido la mayor parte del tiempo, ya que todos sus expositores decían simplemente lo que iban a hacer; pero de pronto todo cobró sentido gracias a él y todos se emocionaron por los proyectos futuros.

Tuve que dar mi consejo al presidente ejecutivo: ¿cuál de los dos debería sustituirlo? Él tenía su propia opinión, pero deseaba una opinión externa. Yo no tenía duda sobre quién era el indicado, pero no podía decir por qué. Entonces, un día, mientras conducía mi coche rumbo al trabajo, supe cuál era la razón. Jack era tan inteligente y juicioso que veía todas las aristas de cualquier asunto. Sufría para decidir hasta las cosas más pequeñas y tenía genio para hacer que lo básico se volviera complicado.

Craig era lo opuesto. Como un Rottweiler que alcanza la garganta del enemigo, estaba completamente concentrado en lo que debía hacer. Podía tomar fragmentos de datos en apariencia contradictorios y reconciliarlos mediante la respuesta correcta y obvia. Su discurso era plano y carecía de adornos, llegando a veces al extremo de parecer brutal. *Tenía genio para hacer que los problemas complejos resultaran simples.*

La historia tiene un doble final feliz. Craig se convirtió en el presidente ejecutivo más exitoso en la historia de la compañía. Más aún, lejos de quedar desilusionado, Jack tuvo por fin una buena razón para dejar la firma. Trabajaba allí por un sentido de obligación con su familia, pero su corazón no estaba ahí. Después de irse, hizo una nueva carrera fascinante y luego regresó a la firma familiar para servir como un excelente presidente no ejecutivo.

El genio de la simplicidad

En el *best seller* de David Brooks llamado *The Social Animal*, uno de los personajes reflexiona sobre lo que tiene en común la gente que llega a la cima: "No estaban dotados de un genio excepcional. Tampoco tenían un conocimiento hondo u opiniones en extremo creativas. Si existía un común denominador era el talento para la simplificación. Tenían la habilidad de tomar una situación compleja y captar el corazón del asunto en términos simples."[82]

Las mejores estrategias corporativas siempre son simples: devolver el negocio a los clientes esenciales, ahondar en las relaciones con ellos y proveer sólo los productos requeridos.

Cuando Alan Mulally asumió la jefatura de Ford Motor Company en 2006, heredó un extenso imperio desmadejado, con demasiadas marcas y modelos. Sus predecesores habían trabajado con orgullo algunas de las más prestigiadas marcas de automóviles del mundo, incluyendo Aston Martin, Jaguar, Land Rover y Volvo. Mulally las vendió todas. Luego volcó su atención en los modelos Ford, que llegaban a cien. Al momento de escribir estas páginas, los modelos se redujeron a 30 y siguen disminuyendo. "No puedes creer la diferencia de lo que esta [simplificación] representa", dijo.[83]

No me cuesta trabajo creerlo. De hecho, yo diría que Mulally tiene aún camino por recorrer. Las firmas ganan cuando se concentran en el más simple 20 por ciento: su esencia más auténtica y distintiva, la quinta parte de lo que son y que las hacen más poderosas. Lo mismo pasa con los gerentes. El más simple, auténtico, distintivo y poderoso 20 por ciento de lo que haces, debe ser tu foco exclusivo. Y sólo una cosa debe importarte en todo momento.

Las estrellas del deporte tienen cerebros más serenos que los atletas de segundo orden, porque tienen la capacidad de filtrar

---

[82] David Brooks, *The Social Animal*, Random House, Nueva York, p. 338.
[83] Citado en Ken Favaro, Per Ola Karlsson y Gary L. Neilson, "The Four Types of CEO's", *strategy+business*, 63, 2011, p. 45.

lo trivial que suele bloquear los cálculos vitales de la mente. Sus mentes están programadas para realizar maniobras complejas sin necesidad de un esfuerzo consciente.[84]

Pero esto no es fácil de lograr, lo que explica por qué no hay muchos atletas estrella ni, efectivamente, muchos gerentes estrella. Hay muchos más gerentes como Jack que como Craig. A ellos les encanta la complejidad, de modo instintivo prefieren lo complejo a lo plano y simple. La gerencia de más jerarquía sigue inclinándose por las personas con perfil financiero o ingenieril, y los problemas más interesantes de la ingeniería y las matemáticas son también los más complejos. A los gerentes les gusta la incertidumbre y mantener abiertas sus opciones. El escritor satírico H. L. Mencken dijo: "El hombre aburrido siempre está seguro y el hombre seguro siempre está aburrido." Al contrario del estereotipo, los gerentes rara vez se aburren.

También, harán casi nada para evitar el tedio. Y mientras más inteligentes, más susceptibles de caer en esta afección. Por eso pierden el tiempo en faenas triviales. Por eso se extienden las líneas de producción y se cortejan clientes marginales; por eso las organizaciones llegan a parecerse al espaguetti y por eso los nuevos proyectos se emprenden sin importar su valor y potencial. Lo que es nuevo y distinto hace ruido. Menos de 20 por ciento de las iniciativas llevan a 80 por ciento de los beneficios. Y aún así se siguen lanzando proyectos que terminan convertidos en hierbas del jardín corporativo.

Para terminar, la simplificación del trabajo va en contra de la esencia gerencial.

M. Scott Peck comienza su famoso libro, *The Road Less Traveled*, diciendo: "La vida es difícil."[85] Dice que los problemas se presentan cuando pensamos que la vida debe ser fácil, y nos da-

---

[84] La investigación es del profesor Claudio Del Percio, de la Universidad de Sapienza, Roma. Mencionado en Brooks, *op. cit.*, p. 130.

[85] M. Scott Peck, *The Road Less Traveled: A New Psychology of Love, Traditional Values and Spiritual Growth,* Arrow Books, Londres, 1990. (También está disponible en una edición más reciente [2008] de Rider.)

mos cuenta de que no es así. Si esperamos que sea difícil, estamos preparados para los retos y tenemos habilidad para superarlos.

Hay un mundo de diferencia cuando uno admite que le gusta la complejidad. Muchos gerentes veteranos que han visto todo claman por parecer ser personas simples a las que les gusta lo sencillo. Por lo regular es una pose. Pocos ejecutivos inteligentes gravitan hacia la simplicidad. Se requiere genio para hacerlo, y ese genio primero debe abrirse camino en una complejidad extrema. Albert Einstein, por ejemplo, usaba analogías familiares valiéndose de trenes y tranvías para explicar sus teorías de la relatividad; pero decía que menos de 12 personas en el mundo serían capaces de comprender del todo su teoría.

Una vez que admites tu gusto por la complejidad, la simplicidad se hace posible y comienzas a corregir tu tendencia natural hacia lo complejo. No obstante, la simplicidad seguirá siendo elusiva. Compara un jardín bien cuidado con un bosque, o una poda artística con un seto enmarañado. Los físicos inventaron la segunda ley de la termodinámica para expresar un hallazgo semejante: que el grado de desorden en un sistema cerrado ("entropía") siempre aumenta. Conforme pasa el tiempo, todo tiende a hacerse más desordenado, menos simple.

El lema reza: "Mantén las cosas simples, estúpido", pero eso puede ser engañoso. En cualquier empresa grande, al igual que sucede en el mundo entero, la mayor parte de las cosas no son simples por naturaleza. Debes hacerlas simples. Se trata de una batalla constante, de un interminable cuesta arriba. Poda una línea de producto, por ejemplo, y mira cómo vuelven a surgir las hierbas de la complejidad.

"El cliente pidió un empaque distinto."

"¿No debemos ofrecer más opciones?"

"Necesitamos una medida mayor."

"Voy a llevar esto un paso más allá."

Todo parece tener sentido. La verdad es la parte común, pero rara vez sensible. La complejidad tiene un costo siempre oculto y sigiloso.

Por supuesto, algunos problemas, como el del origen del universo o cómo abolir la guerra y la pobreza, son en verdad complejos. Tristemente, no existen respuestas simples a éstos. Albert Einstein dijo: "Todo debe hacerse tan simple como sea posible, pero no más simple que eso." Oscar Wilde observó: "La verdad pura y simple rara vez es pura y nunca simple."[86] H. L. Menken escribió: "Para cada problema existe una solución, que es simple, pulcra y errónea."

Y, por supuesto, los negocios también pueden enfrentar problemas complejos; la causa y el efecto no siempre son discernibles. El especialista en sistemas, Jay Forrester, dijo: "En tanto que la mayoría de la gente entiende los efectos de primer orden, pocos comprenden bien los efectos de segundo y tercer orden. Para mala fortuna, de modo virtual todo lo interesante en el mundo de los negocios está en los efectos de cuarto nivel y más allá."[87]

Pero no debemos caer en la desesperación sólo porque la complejidad abunda. No todo puede hacerse simple, pero puedes concentrarte en algunas cosas importantes en que la simplicidad te liberará. En la estrategia corporativa, por ejemplo, algunos principios generales muy útiles *suelen* estar en lo correcto.

Cuando estés confundido por la complejidad, siempre es bueno recordar algunas cosas en relación con el Principio 80/20:

- Ser diferente lleva a mayor retorno y flujo de efectivo.
- Un negocio estrella —el líder en un nicho de alto crecimiento— es oro molido.
- Las firmas líderes deben disfrutar de menores costos y tener precios más altos que las demás.

---

[86] Oscar Wilde, *The Importance of Being Earnest*, acto 1, 1895.
[87] Citado en Carl W. Stern y George Stalk Jr. (eds.), *Perspectives on Strategy from The Boston Consulting Group*, John Wiley, Nueva York, 1998, p. xiv.

- La mayoría de los negocios puede acortar el tiempo que tarda en entregar un producto.
- La mayoría de las firmas son excelentes en un número pequeño de cosas y mediocres en todo lo demás.
- Unos cuantos clientes y productos son los responsables de traer la gran mayoría del valor a la firma.
- El efectivo es vital y real, pero la utilidad es una ficción contable. Al concentrarse en el efectivo y no en la utilidad se evita el desastre y se produce mucho más valor de largo plazo. Por lo regular, unos cuantos productos dan la mayor parte del flujo de efectivo, mientras la mayoría consumen su efectivo. Así, concentrarse en el efectivo reforzará la necesidad de selectividad y simplicidad.
- Los gerentes son como los negocios: sólo deben concentrarse en las pocas cosas que hacen bien de modo excepcional.

En tanto es verdadero que la mayoría de los problemas tienen causas elusivas, eso no debe detener la búsqueda de soluciones. No te concentres en problemas de obvia dificultad, por fascinantes que resulten desde el punto de vista intelectual. Puede existir 5 por ciento de problemas "endemoniados" que requieren 95 por ciento de tu esfuerzo para ser resueltos o pueden ser insolubles. Déjalos a los sacerdotes y a los profesores. Tus metas deben ser los que sospechas que tienen soluciones simples. Identifica los asuntos importantes que pueden simplificarse. Si un problema te ha molestado por largo tiempo, déjalo en paz o dale el trabajo a tu subconsciente para que lo resuelva mientras te concentras en algo más asequible (ver Interés por las cosas y el poder del subconsciente, en la Vía número cuatro).

La simplicidad en acción

Fui testigo de la simplificación en una gran empresa internacional de corredores especializados. Partes de la empresa marchaban muy bien, pero las utilidades de los negocios en Gran Bretaña se habían desplomado. Se trajo a un tipo muy importante, con estudios de maestría —era un gerente de buen trato e inteligente—, pero no logró resolver el problema, de modo que se contrató a mi equipo como consultor administrativo. Estábamos a mitad del trabajo, todavía confundidos, cuando corrieron al señor de la maestría.

La firma mandó a un ejecutivo escocés, que trabajaba en las oficinas centrales, para resolver el problema. Después de una mañana de conversaciones con sus colegas, nos dejó estupefactos con su respuesta: "El problema es el crecimiento sin utilidades", dijo. "Pueden ponerse a hacer el análisis correspondiente, pero he aquí lo que pienso. Todas las nuevas líneas de producto, que con tanto orgullo hemos introducido, han interferido con lo que solíamos hacer y nos daba excelentes utilidades. Olvídense de los nuevos productos, vuelvan a lo básico y las utilidades subirán como la espuma. Eso es lo que yo creo."

Su "creencia" probó ser correcta. Con tres palabras —"crecimiento sin utilidades"— había simplificado lo que nadie resolvía, e incluso nos había dicho cómo hacerlo.

Steve Jobs era un devoto de la simplicidad. Su filosofía era: "Construir un producto simple y no muy caro para las masas."[88] El primer catálogo de Apple giraba alrededor de la máxima de Leonardo da Vinci que aparece al principio de este capítulo: "La simplicidad es la sofisticación máxima."[89] Walter Isaacson dice que Jobs estaba convencido de que su primera computadora comercial, la Apple II, debía tener "un diseño simple y elegante que distinga a Apple de otras máquinas, con sus cajas de metal gris."[90]

Para fines de 1979, Jobs fue inspirado por la interfaz de usuario tan amigable que los ingenieros de las instalaciones PARC de Xerox, habían inventado, a la cual llamaban "el escritorio".[91]

---

[88] Isaacson, *op. cit.*, p. 101.
[89] *Ibid.*, p. 80.
[90] *Ibid.*, p. 73.
[91] *Ibid.*, p. 95.

Hoy, damos por hecho que podemos tener muchos documentos y archivos en nuestro escritorio, para arrastrarlos de lado a lado de la pantalla, según nos convenga, y abrirlos con un simple clic del *mouse*. Pero en esos días las computadoras eran aparatos intimidantes y los documentos se encontraban y manipulaban mediante códigos complejos y líneas de comando. El avance de Xerox fue inventar la interfaz gráfica de usuario que mostraba varios documentos en un escritorio, representándolos con iconos; además, hacían posible que el usuario tuviera acceso a lo que veía en la pantalla por medio de un *mouse*. Jobs y sus colegas quedaron impresionados cuando la vieron. "¡ESTO... ES!", exclamó Jobs, saltando sobre una y otra pierna como si se tratara de un faquir indio que baila sobre carbones ardientes. "Fue como si me quitaran un velo de los ojos", dijo más tarde. "Pude ver cuál era el futuro de la computación."[92]

La *star* de Xerox, antecedente de todas las computadoras personales fáciles de usar, salió a la venta en 1981, mucho antes que la Lisa y la Macintosh de Apple. Constituyó un logro extraordinario, pero no era suficientemente simple. Más todavía, era muy cara. Su precio de 16 595 dólares la ponía fuera del alcance de aficionados y gerentes ordinarios. En consecuencia, sólo se vendieron 30 mil *stars*.

Cuando vio la Star, Jobs se sintió aliviado: "Sabíamos que no lo habían hecho bien", dijo, "y nosotros podríamos hacerlo por una fracción del precio."[93] Los revolucionarios de Xerox no aprovecharon la oportunidad que ellos mismos habían creado. No podías arrastrar un archivo por la pantalla o ponerlo en un fólder, ni transitar delicadamente por un documento, ni imprimir exactamente lo que veías en la pantalla (el famoso WYSIWYG: What You See Is What You Get[94]) ni sobreponer ventanas. Jobs exigió que los ingenieros de Apple, en especial un genio llamado

---

[92] *Ibid.*, p. 97.
[93] *Ibid.*, p. 99.
[94] Lo que ves es lo que obtienes. [N. del T.]

Bill Atkinson, lograran subsanar esas carencias antes de lanzar su computadora al mercado.

Jobs insistía en que la computación debía ser un juego de niños. También sabía de la importancia de que el producto fuera accesible. Por ejemplo, el *mouse* de Xerox era complicado: tenía tres botones, no se movía suavemente por la pantalla y costaba 300 dólares. Jobs fue a un despacho de diseño industrial y exigió uno sencillo, con un solo botón, que se moviera sin dificultad, fácil de usar y costara 15 dólares. Lo obtuvo.

Aquí tenemos la paradoja de la simplificación. Como Xerox descubrió, es difícil simplificar algo. Sin embargo, si no estás preparado para comprometerte con la simplicidad, pero la consideras una prioridad esencial, encontrarás la manera de conseguirla.

En el corazón de la simplicidad vive la accesibilidad. Hacer algo simple significa un producto disponible para todos, inteligible *y* accesible.

Por ejemplo, un grupo de científicos de la Universidad de Cambridge elaboró una computadora y un teclado que se venderán por sólo 25 dólares. Sí: ¡25 dólares! Los llamó Raspberry Pi; es del tamaño de una tarjeta de crédito y se conecta al televisor. Puede usarse para procesar texto, hojas de cálculo, juegos y otras aplicaciones estándar de la computación. La intención original era hacer una computadora en que millones de niños de todo el mundo pudieran aprender programación básica, pero también ha habido un enorme interés de los gobiernos de países desarrollados, hospitales y museos.

La simplicidad requiere una profunda comprensión de la esencia de un producto. Por ejemplo, al diseñar la tableta iPad, Steve Jobs "presionó para lograr la simplicidad más pura posible", y decidió que la pantalla sería la esencia del aparato. "De modo que el principio rector fue que todo lo que se hiciera derivara de la pantalla. '¿Cómo nos quitamos del camino de manera que no tengamos un montón de botones y atributos que nos distraigan de la pantalla?', preguntó [Jony] Ive [la cabeza del área de desarrollo de Apple]. En todo momento, Jobs presionó para eliminar y simplificar."[95]

La simplicidad se acerca a la belleza y no está lejos de lo económico. La vía para simplificar y crear un mercado masivo es empatar lo artístico con una reducción de costos. Jobs hizo esto de modo brillante con las computadoras portátiles de Apple y los aparatos más pequeños; Henry Ford lo hizo con automóviles; George Eastman lo hizo para la fotografía y Andy Warhol en el campo del diseño. El diseño y el arte son ingredientes esenciales para la simplificación y los mercados masivos. Después de todo, ¿qué hacen los artistas? Simplifican la realidad al tiempo que crean algo muy atractivo (o simplemente "atractivo", a partir de 1900).

Jobs entendió los vínculos de hierro que unen la simplicidad, la belleza, lo artístico, la accesibilidad y la reducción de costos. Se consideraba un gran artista y alentaba a que su equipo hiciera lo propio. Los llevó a ver una exposición de cristalería Louis Tiffany, en el Museo Metropolitano de Nueva York para probar que era posible producir masivamente el gran arte.[96] Si deseas simplificar los productos, requieres de artistas y diseñadores, además de ingenieros que piensen como artistas y economistas.

Cómo simplificar tu trabajo

La esencia de la simplificación consiste en determinar qué es y qué no es importante en una situación compleja, para luego convertirlo en algo reconocible y comprensible. El Principio afirma que la mayoría de las cosas no son importantes, de modo que el reto es encontrar las partes pequeñas del todo que en verdad son cruciales y reconocibles, para después resumir las cosas en una frase memorable y concisa, o en un producto intuitivo y fácil de usar. Una

---

[95] *Ibid.*, p. 491.
[96] *Ibid.*, p. 123.

buena parte de la simplificación reside en la comunicación, por medio del producto mismo, la marca y la promoción asociada.

El tema debe tener alguna resonancia emocional; algo puramente intelectual o racional no funcionará. Un producto debe tener un atractivo estético simple al ser pulcro, agradable, astuto, o parecerse a algo bello por naturaleza. Todavía mejor si el producto abunda en mejoras tecnológicas, pero se parece a sus predecesores. Por eso los primeros autos parecían carruajes tirados por caballos, los aviones, trenes y también por eso las laptops tienen un "escritorio" de pantalla. También es ésta la razón por la que los franceses, cuando se encontraron con la papa hace 400 años, la llamaron *pomme de terre:* manzana de la tierra y, por lo tanto, algo bueno.

Tres formas de hacerlo más fácil

1. *Utiliza historias* para mejorar tu propia comprensión de la idea y comunicarla a los usuarios potenciales. Una narrativa en tres escenas o actos suele ser útil. Por ejemplo: en este punto comenzó el negocio y dejó su huella (en el pasado); aquí es donde está ahora, en extremo complicado y menos exitoso (el presente); y así es como lograremos volver a lo básico para llevar la esencia de la empresa —sus pocos valores esenciales, productos, clientes y/o tecnología— a un destino natural (el futuro).

2. *Usa palabras evocativas:* unas pocas palabras que conjuren una imagen memorable en el ojo de la mente. Un cliché molesto pero cierto es: "Una imagen vale más que mil palabras." Así como amamos las historias, también amamos las imágenes. Si alguien te pregunta dónde estabas cuando los sucesos del 11 de septiembre de 2001, es casi seguro que pensarás en términos de imágenes. Yo puedo recordar el vestíbulo de un hotel en una isla griega; recuerdo la

decoración y los muebles y, por supuesto, las imágenes de los aviones chocando contra las torres gemelas. Si te vales de palabras-imagen, la idea se vuelve viva y el acto por medio del cual tu audiencia crea la imagen produce un vínculo que te liga a ellos. ¿Por qué nos gustan las caricaturas? Porque las imágenes comunican con más simplicidad y rapidez que un párrafo como éste.

3. *Usa una de las simplificaciones que te brinda el Principio:* por ejemplo, los negocios son excelentes en un reducido número de actividades y mediocres en la gran mayoría. Trata de usar uno de los siguientes temas:

- Nos hemos desviado de nuestros productos y clientes esenciales, así como de nuestra verdadera identidad. Hemos embellecido de modo innecesario nuestra simple fórmula y dificultamos las cosas. Tenemos demasiados productos y clientes nuevos, diferentes a los viejos en sentidos muy importantes.
- Hemos hecho que la organización sea demasiado compleja.
- Las extensiones de marca han diluido la principal. Los clientes ya no saben cuál es nuestra misión.
- Sufrimos de crecimiento sin utilidades. Sería mejor tener un negocio más pequeño y simple.
- Nuestro sistema de precios es demasiado complejo. Los clientes no logran comprenderlo y algunos sospechan que es injusto. (Por cierto: ¿cuál gran industria tiene la estructura de precios más compleja? Respuesta: la industria del transporte aéreo. ¿Y qué industria ha invertido una fortuna para obtener más pérdidas que ganancias durante las últimas décadas? Respuesta: la industria del aerotransporte, ¿coincidencia?)
- Apoyemos a nuestros ganadores, los pocos productos, servicios, clientes y personas que producen la mayoría (o todo) el dinero y el verdadero valor. Hagamos que estas partes vitales de nuestros negocios crezcan 10, 100 o mil veces.

Replantear la realidad

La realidad siempre es compleja, con enormes volúmenes de datos, temas y subtemas, y todo esto después de que ya alguien ha tratado de imponer orden en el caos. Todo gran narrador, editor, historiador, político y analista se las arregla para simplificar el pasado y el presente. La marca de un gran líder está en ser alguien que simplifique de manera que sus oyentes entiendan *una poderosa conclusión para luego actuar conforma a ésta*. De modo inevitable, la simplificación incluye un elemento distorsionador; pero las distorsiones de un gran líder están orientadas a la reinterpretación *constructiva* de la realidad, de tal manera que los escuchas saben cómo superar los obstáculos.

Quien controla la interpretación del pasado también controla el futuro.

La historia nos proporciona muchos buenos ejemplos de la simplificación de una realidad compleja.

Por ejemplo, cuando la Guerra Civil en Estados Unidos estaba a punto de ser ganada por el Norte tras una amarga y sangrienta batalla, eran factibles numerosas interpretaciones. ¿Se trataba del triunfo del Norte industrial sobre el Sur agrícola, indicando cuál sería la tendencia de la economía estadounidense en el curso del siguiente siglo? ¿Tenía que ver la abolición de la esclavitud en el conflicto? ¿Se trataba de limitar el poder de los estados individuales, o enfatizar la preeminencia de la Unión?

Por supuesto, la Guerra Civil fue todo esto y más, pero: ¿sería recordada como un conflicto sin sentido y brutal, presagio quizá de muchas otras guerras civiles, o como algo final y en última instancia noble y constructivo?

El 19 de noviembre de 1863, se pronunciaron dos discursos durante la consagración del Cementerio Nacional de Gettysburg. El "verdadero" discurso de Gettysburg fue una oración de dos horas pronunciada por el honorable Edward Everett, impresionante orador, ex gobernador de Massachusetts, secretario de

VÍA NÚMERO OCHO. EL GERENTE SIMPLIFICADOR

Estado y presidente de la Universidad de Harvard. Su discurso fue bien recibido en su momento, pero después cayó en el olvido. Era largo y nada memorable.

Cuando Everett terminó, el presidente Abraham Lincoln habló durante sólo dos minutos. Si eres estadounidense, tal vez sabrás de memoria lo que dijo y ésa es la intención: "Hace ocho décadas y siete años", comenzó, "nuestros padres hicieron nacer en este continente una nueva nación concebida en la libertad y consagrada en el principio de que todas las personas son creadas iguales." Terminó diciendo: "Que resolvamos aquí con firmeza que estos muertos no habrán dado su vida en vano. Que esta nación, Dios mediante, tendrá un nuevo crecimiento en libertad. Y que el gobierno del pueblo, por el pueblo y para el pueblo no desaparecerá de la Tierra."

El mensaje fue simple y simplificador. La Guerra Civil fue por la libertad y la democracia. Al menos lo era ahora, si es que no lo había sido. Puedes advertir la gran maestría de Lincoln. Esta horrible batalla, les decía, tiene un lugar en la evolución del destino estadounidense. Comenzó con el nacimiento de la democracia y terminó hablando de su renacimiento, apelando en términos sencillos a los ideales liberales y a la excepcional misión de Estados Unidos. Ni siquiera pronunció el obvio corolario de que los esclavos serían liberados.

La simplificación no sólo tiene relación con los grandes temas de nuestra sociedad y nuestros negocios. La simplificación se refiere también a nosotros, a cada uno de nosotros, de modo personal. Se relaciona con la interpretación y reinterpretación de nuestro pasado, las conclusiones sobre el futuro; exige el desazolve de nuestra vida diaria y darnos cuenta de que nuestras mentes actúan con eficiencia a partir de pocos mensajes realmente simples. Este tipo de simplificación personal no es mera palabrería psicológica ni algún tipo de indulgencia: necesitamos alimentar a nuestras mentes con mensajes simples si queremos tener un desempeño superefectivo.

¿Cuáles son tus mensajes? Puedes trabajar eso tú solo, pero a mí me ha resultado útil recordar lo siguiente:

- Tienes talento para la simplificación. ¡Úsalo!
- Simplifica la realidad corporativa que te rodea. Une a tu equipo en la persecución de un solo objetivo.
- Simplifica tu vida y tus intenciones.
- La vida está llena de distracciones. La vida *es* distracción. La batalla nunca ha sido ganada por los fuertes, ni siquiera por los que más saben o son más inteligentes. La batalla es ganada por quienes están más concentrados, a quienes más importan las cosas, por los que tienen muy claro qué quieren y por quienes toman decisiones en el acto, en medio de la confusión y la incertidumbre, determinando un pequeño número de objetivos simples.
- En cualquier momento, dispón de una meta primaria simple y concéntrate en ella.
- Comienza la semana laboral con un objetivo simple. No te preocupes por nada más.
- Evita los proyectos que no tengan un propósito simple.
- Diseña cada reunión de modo que se tenga que tomar sólo una decisión. Cuando se tome, da por terminada la junta.
- Simplifica los asuntos complejos hasta que todos puedan comprenderlos.
- Reduce cualquier línea de producto o servicio en 80 por ciento, como Dick y Mac McDonald hicieron en los años cuarenta del siglo pasado; por ejemplo, al simplificar la cafetería e inventar los restaurantes de hamburguesas sin meseras y pocos platos en el menú.
- Si estás pensando en inventar un nuevo producto o servicio simple, fíjate en los mercados dominados por ofertas complejas y burdas. Si piensas que los celulares apestan, inventa algo mejor y más simple, como hizo Steve Jobs. Si piensas que los muebles son demasiado caros, anticuados

y te molesta que sólo puedan ser construidos por especialistas caros, inventa algo accesible, útil y autoensamblable, como hizo IKEA. Si piensas que los restaurantes de categoría son pretenciosos e intimidantes, abre opciones accesibles y amigables, como hizo Terence Conran. Mientras peor se atienda a un mercado, más complejos sean sus productos, y mejor para ti.

- Define la esencia de cualquier producto o servicio. ¿Aclara esta definición en una sola oración? ¿Cuál es el beneficio único más importante para los clientes? ¿Cuál es la característica más importante? Elimina o minimiza todo lo que no sea esencial para el propósito central.
- Estandariza la manufactura, producción, abastecimiento y entrega del producto o servicio. Hazlo de la manera más simple y barata, para lo cual muchas veces se debe recurrir a prestadores de servicios externos.
- Desarrolla sistemas automatizados: los semáforos son un buen ejemplo.
- Elimina rehacer las cosas. Procura que las tareas sean tan simples que hasta cometer errores se torne imposible.
- Cuando añadas algo, sustrae otros dos componentes. Si alguien se suma a un proyecto, por ejemplo, retira a dos miembros ya existentes del equipo.
- Piensa en todo producto, proceso y en toda actividad realizada por ti y tus colegas, y piensa: "¿Cómo puedo hacerlo más simple?" ¡Si no se te ocurre una respuesta, eres poco imaginativo!
- Procura que tus propios procesos de pensamiento sean más simples y claros. Identifica a un gerente efectivo y simplificador e imita lo que él o ella hace. Elude lo que el gerente simplificador evita. No analices de más. Resuelve la pequeña parte del problema que te brinda la mayor parte de la solución. Mantente en las grandes avenidas y evita las callejuelas. Lo más importante: haz una sólo cosa a la vez.

Simplicidad organizacional

La simplicidad es también importante para la organización de las empresas y la manera en que los gerentes se comunican con sus colegas. Los experimentados casi siempre complican la organización al meter los dedos en demasiados pasteles. Insisten en la elaboración de frecuentes y detallados reportes de los gerentes, lo que es una pérdida de tiempo y resta motivación a las tropas. Crean comités y fuerzas de trabajo para buscar sinergias interdivisionales que tal vez ni siquiera existan y que los distraen de lo que en realidad hacen bien.

Contrasta esto con el esquema de Warren Buffett. En Berkshire Hathaway, donde Buffett es presidente ejecutivo:

> Los gerentes se concentran en llevar sus negocios: no están obligados a asistir a reuniones en las oficinas centrales, no están sujetos a preocupaciones financieras ni se ocupan de los problemas de Wall Street. Simplemente reciben una carta mía cada dos años... y me llaman si lo desean. Y sus deseos son diferentes. Hay gerentes a los que no les he hablado en un año, en tanto que hay uno con el que hablo casi a diario. Confiamos en la gente más que en los procesos. El código de "contrata bien y administra poco" le va bien a ellos y a mí.[97]

La simplificación es el arte gerencial menos aprovechado, en parte porque es difícil de lograr. Tendrás que luchar contra la cultura corporativa así como con tus propios hábitos que complican las cosas. Pero la simplificación satisface. Toma la complicada realidad, y se queda con fragmentos vitales de información e inspiración. Destila la realidad de acuerdo con el Principio, de manera que se vuelva más manejable, pero también para que los pocos

---

[97] Warren Buffett, "Letter to Shareholders", en el Reporte Anual de Berkshire Hathaway Inc., 2010.

aspectos y las metas esenciales sean vívidos y memorables, logrando que la gente se una para implementar una nueva solución. Se alienta así el compromiso compartido y la comprensión.

Una vez que te conviertes en un simplificador efectivo, también serás un gran líder.

Aunque la simplificación va en contra de la cultura corporativa prevaleciente, la mayoría de los gerentes pueden apreciar sus ventajas. No puede decirse lo mismo de la siguiente vía para convertirse en un gran líder, en principio, porque requiere cultivar una cualidad de la que gran parte de los gerentes se burlan.

Vía número nueve

Gerente flojo

Para que la gente sea feliz en su trabajo,
deben darse estas tres condiciones:
Deben estar aptos para ello;
No deben trabajar a destajo
Y deben sentir que tienen éxito.
John Ruskind[98]

Es cierto que el trabajo duro nunca ha matado
a nadie, pero digo: ¿para qué arriesgarse?
Ronald Reagan[99]

Me asombré mucho al escuchar a David, el jefe ejecutivo de una gran compañía de servicios profesionales, describir a su presidente Jacques como el 'hombre más flojo que pudiera existir'.[100] Pronto aprendí lo que había detrás de la historia. En la contienda por los dos lugares más altos de la compañía, David tenía el apoyo de los magnates de Estados Unidos y Reino Unido, mientras que a Jacques lo apoyaban los millonarios europeos y Telecoms Division, que resultaba muy productiva y estaba en rápido crecimiento. El conflicto era que de esta forma se alcanzaría un poder dividido en dos facciones.

David estaba en lo correcto. Jacques era un gerente francés encantador. Llegaba a la oficina entre nueve y diez, y se sabía

---

[98]*John Ruskind, Las palabras de John Ruskind,* editado por E.T. Cook y Alexander Wedderburn, volumen 12, George Allen, Londres, 1851, 1903.
[99] Entrevista en el periódico *The Guardian,* 31 de marzo de 1987.
[100] Basado en una historia verdadera, los nombres y detalles han sido cambiados.

que todos los días acostumbraba salir de su departamento y tomar un paseo de ocho minutos para llegar al trabajo caminando. La compañía se encargaba de pagar su departamento. Después de hacer unas llamadas telefónicas, por lo general a Europa, subía los pies y leía el *Wall Street Journal* y el *Financial Times*. La mayoría de los días tomaba un refrigerio sin prisa, presidía una o dos reuniones, respondía algunos emails, se iba a caminar al parque, regresaba, se entretenía alrededor de su enorme oficina y platicaba con sus secretarias, llamaba a Telecoms Division, y se iba antes que todos en el edificio. Cuando pregunté por qué llegaba tan tarde, una vez bromeó: "¡Pero piensa que me voy temprano!"

En contraste, David estaba en la oficina a las ocho y se iba once o doce horas después, a menudo a una cena de trabajo. Su agenda estaba a reventar y sacaba sus pendientes diarios. Presidía la mayoría de los comités de la compañía y manejaba cualquier emergencia o lo que pareciera ser un conflicto sin fin. También dirigía los servicios de marketing de la compañía y propiciaba nuevos clientes. Sin duda estaba resentido con su colega francés de al lado, sobre todo cuando supo que a Jacques le pagaron más.

Cinco meses después, Jacques y la dirección de Telecoms Division rediseñaron y establecieron una nueva compañía, este nuevo negocio pronto eclipsó a la compañía original, llegó a ser más productivo y cambió el inventario pasivo en activo circulante, algo que la compañía original nunca estuvo en posición de contemplar. Jacques continuó su encantadora vida y casi todos en la nueva firma vivieron felices para siempre. Mientras tanto, David y sus colegas se tambaleaban entre una crisis y otra.

Esta historia me hizo recordar mi primer trabajo en la recién creada MBA. Trabajaba en una oficina abierta y podía escuchar a Tom, mi jefe, detrás de la mampara cuando se ponía a trabajar. Pasaba una cantidad extraordinaria de tiempo hablando con su agente y con su esposa. Nunca necesité un reloj para saber cuándo eran las cinco, porque Tom, de manera casi religiosa, siempre se iba a esa hora. En el otro extremo de la oficina, mi socio Julian seguía trabajando frenéticamente en sus hojas de cálculo. Era famoso por ser el primero en llegar y el último en irse. Al final Tom llegó a ser una de las personas más importantes en la compañía, mientras que Julian nunca fue promovido. Debo agregar que ellos eran semejantes en inteligencia y personalidad.

Entonces me puse a reflexionar en cuanto a mi experiencia como consultor empresarial. Encontré dos ejecutivos que son los mejores que he conocido en esta o en cualquier otra industria. Aunque de diferente manera, ambos se permiten excesos y son flojos.

El gran jefe flojo

Si eres el fundador de una consultoría, al principio estarás solo, sin staff, y sin siquiera asistente, así que tendrás que esperar durante muchas horas de trabajo para ganar clientes y lograr que la consultoría trabaje. Pero ese no fue el estilo de Bruce D. Henderson. En 1963 inició la División de Gerencia y Consultoría de la compañía *Boston Safe Deposit and Trust*. No fue un éxito de la noche a la mañana. En su primer mes, Bruce sólo ganó quinientos dólares. Luego, a pesar de que continuó con pocos logros, contrató al consultor Arthur P. Contas (su primer nombramiento de tiempo completo) en diciembre de 1963. Bruce también asignó a los profesores de la Escuela de Negocios de Harvard como staff de medio tiempo. Puso sus nombres en las puertas de las oficinas vacías por las que los prospectos de clientes pasaban y rebautizó la firma como el Grupo Consultor de Boston. Tan pronto como pudo, se dio el lujo de dejar de hacer consultorías.

Ni por error trabajó para hacer más clientes o en asuntos de oficina. En vez de eso se concentró en dos actividades agradables y ocasionales: reclutar y escribir. Fue el primero en contratar a profesores de la escuela de negocios y a sus estudiantes como consultores, prefería intelecto nuevo que retorcida experiencia industrial. Pero su pasión real fue escribir las *Perspectivas* de la BCG, una serie de tratados breves sobre dirección y gerencia, los cuales, al principio, eran sólo de dos páginas y cabían en un sobre pequeño. Bruce estaba fascinado por las ideas (más que nada, inventó la estrategia corporativa junto con los académicos que había contratado) y entendió que pensar era lo que mejor hacía, así que se decidió a hacerlo.

En consecuencia, la carga de trabajo de Bruce siempre fue más ligera que la de sus colegas. Exportó el estrés a ellos pero no lo importó hacia él de ninguna parte. Cuando me uní a la BCG en 1976, fui con dos de sus asistentes personales a la conferencia de un cliente en un hotel muy elegante rodeado de un hermoso bosque, y nos preparamos para la llegada del fundador. Recuerdo a Bruce como un hombre grande en toda la extensión de la palabra: formidable, objetivo, interrogante e intimidante. No me preguntó una palabra por mis clientes o mi trabajo, pero me cuestionó hasta el cansancio sobre unas oscuras teorías de negocios. Cuando se dio cuenta de que no podía contestar sus preguntas, me soltó un sermón de cuarenta y cinco minutos que estoy seguro que habría disfrutado mucho si no hubiera estado muerto de miedo.

Bruce minimizaba el tiempo que pasaba en el trabajo y que no le interesaba hacer. Se premiaba con una vida envidiable: daba discursos, estimulando nuevas ideas entre colegas súper inteligentes y se tomaba su tiempo para dar la vuelta al mundo visitando todas sus oficinas. Al final, haciendo sólo lo que quería y usando todo su tiempo en lo que hacía mejor, logró hacer el plan de acción para un mejor uso de los recursos en los negocios. Por otra parte, construyó un ejército de bien pagados pero muy estresados consultores, que trabajaban por lo general entre sesenta y noventa horas a la semana (cobrando por hora). Yo fui uno de esos esclavos bien pagados y debo decir que no fue fácil.

William Worthington Bain, Jr., lo llamaremos Bill Bain o 'Señor Big', es otro maravilloso ejemplo ilustrativo de la economía de esfuerzo en acción. En 1959, Bill se graduó en historia en la Universidad de Vanderbilt, trató de trabajar un par de veces y no funcionó, así que regresó a la universidad al año siguiente como recaudador de fondos. En esa época se acercó a Bruce Henderson, otro alumno de Vanderbilt, para pedirle ayuda y empezar en la escuela de negocios. A pesar de que Bill carecía de atributos para los negocios, Bruce le ofreció trabajo en la BCG. Cuenta la leyenda que Bruce pasó enseñándole a Bill los principios de la depreciación durante todo un vuelo, antes de que el nuevo recluta liderara uno de los cuatro equipos que Bruce creó para estimular la competencia interna. El equipo de Bill demostró el mejor incremento de ingresos. ¿Fue un claro ejemplo del buen juicio de Bruce para contratar y darle un lugar a Bill? Sí y no. Bill quiso fundar su propia firma y en 1973 tomó a muchos de sus compañeros del equipo de BCG y fundó Bain & Company. Bruce consideró muy mala esa decisión.

Para el *New York Times* afirmó: "Esto es la guerra. La bomba japonesa de Pearl Harbor. Nunca antes me había sentido más traicionado, robado y ultrajado."[101]

Yo no era un consultor exitoso en BCG, así que lo dejé para unirme a Bain en 1980. Estaba tan sorprendido como los demás cuando me hicieron socio muy rápido. Los socios de todo el mundo tenían que viajar a Boston una vez al mes para una reunión, la cual, Bill dominaba con gran autoridad a pesar de que nunca se oyera que alzara la voz. Fue una de las personas más impresionantes y singulares que haya conocido y consiguió crear una firma muy poderosa y lucrativa con el mínimo de esfuerzo personal, y como Bruce Henderson, se retiró del trabajo de los clientes con rapidez. Pero en una de las ocasiones en que apareció, se refugió en su enorme y hermosa oficina, repleta de antigüedades y recuerdos de básquetbol, un oasis de calma y cultura muy alejado de la apretada, caótica y abierta, a todo el mundo, oficina principal. Su secretaria mantenía a raya a todos los que llegaban, una vez un socio me comentó: "Hay muchas trabas artificiales en

---

[101] Citado en Liz Roman Gallese, "El consejero del rey", New York Times, 24 de septiembre de 1989.

la agenda de Bill." Yo me topé con él sólo una vez en el elevador, lucía impecable, calzaba unos tenis como ropa formal.

Bill llevaba una vida encantadora. Bajo él había una definida y puntiaguda pirámide. Estaban cinco de sus colegas originales, incluidos John Halpern y Ralph Willard, a quienes llegué a admirar mucho por sus habilidades para vender más de nuestros servicios a los mismos clientes; aunque hay que decir que a veces John mentía con sutileza, lo recuerdo elogiando nuestro trabajo ante el consejo del cliente y mencionando la frase: "Esta estrategia hará más ricos a todos dentro de esta sala." Estos cinco tenientes hablaban con Bill y Bill hablaba con ellos como Dios habla con sus ángeles, aunque era raro que él hablara con los demás.

Pero en esta pirámide después de los ángeles vienen los socios ordinarios, debajo de nosotros están los gerentes de proyectos, luego vienen los consultores y al final una innovación de Bain: los asociados de investigación, graduados comunes y corrientes sin título en negocios. Todos, desde los famosos cinco hacia abajo, trabajaban todas las horas que Bill exigía y ejecutaban todo con exactitud.

Se decía que Bill retenía la mayor parte de los beneficios. No sé a ciencia cierta de cuánto eran estos, dado que simples empleados no podían hurgar en la contabilidad de la empresa (aún cuando todos teníamos una carga de trabajo ilimitada). Uno de los socios con mayor antigüedad una vez me dijo que el acuerdo de sociedad no era una carta de derechos, ¡sino los derechos de Bill! Su tarifa por hora debía ser extraordinaria.

No me quejo, Bill tuvo la visión de una empresa consultora en relación íntima con un número pequeño de clientes grandes. En su visión, el compromiso de la consultora era como un matrimonio, una sociedad a largo plazo con beneficios mutuos. El socio mayoritario de Bain desarrolló un estrecha relación con los jefes ejecutivos de los clientes, de manera que nunca tomaban una decisión importante sin consultarlos primero con Bain & Company. Los CEO también estaban de acuerdo en no poner ningún tope a las facturas de Bill, dándole a la compañía el reingreso de cinco o diez veces los beneficios anuales por cualquier gasto de consultoría. A principios de los años ochenta, McKinsey, el líder de consultoría en industrias, rara vez cargaba a un solo cliente más de dos millones de dólares al año. Bain & Company tenía la reputación de cargar a algunos de sus clientes diez veces eso, si no es que más. Para cualquier organización que fuera un cliente, Bain empezaba con el exhaustivo trazo de una estrategia para la compañía entera (incluida cada división y/o país). Esto duraba algunos años. Entonces nos movíamos a la reducción de costos y otras formas de "implementar" la estrategia. Cuando mostraban signos de flaqueza o enfriamiento, volvíamos a trabajar en la adquisición del cliente y el círculo volvía a empezar. Entonces hacíamos más adquisiciones. Mientras la firma prosperara y el CEO estuviera en su lugar nuestros ingresos crecían mucho más.

Quizá a Bill Bain no le ha tomado mucho tiempo calcular esta ingeniosa fórmula y luego construir su firma alrededor de ella. Pero el valor creado para Bain & Company (y por lo general para el cliente también) era astronómico. Bill pasó su tiempo en lo que fue calificado para hacer. Su producción no guardaba relación con el tiempo o el esfuerzo que introducía. Pero si Bill hubiera sido más activo, dudo que alguna vez se hubiera imaginado este increíble sistema de creación de riqueza. Además, creo que la falta de un MBA le ayudó enormemente. Si Bill estaba fascinado por los aspectos prácticos de la consultoría —según 99.9 por ciento de los consultores—, quizá no habría tenido la visión, por completo diferente, de hacerlo.

Es significativo que los dos consultores de gestión más creativos e influyentes de los últimos 60 años (un par de líderes empresariales que fundaron dos de las tres empresas consultoras más prestigiosas del mundo de hoy) fueron, también, los más ociosos.

La forma correcta de la pereza

Hay una vieja broma acerca de un acaudalado joven inglés durante un viaje por tierras europeas antes de la Primera Guerra Mundial. Se encuentra con 12 jóvenes mendigos en Nápoles, tumbados en la sombra, sin hacer nada y les dice: "¿Quién de ustedes es el más flojo? A ése le daré una moneda." Once de ellos saltaron, reclamando su lira. Pero él se la dio al duodécimo vagabundo, que no había movido ni un músculo.

Esta historia fue contada por Bertrand Russell, gran matemático y filósofo, en su ensayo "Elogio de la ociosidad".[102] Él escribió:

> Hay dos clases de trabajo; la primera: modificar la disposición de la materia en, o cerca de, la superficie de la tierra, en relación con otra materia dada; la segunda: mandar a otros a que lo hagan. La primera clase de trabajo es desagradable y está mal pagada; la segunda es agradable y muy bien pagada. La segunda es susceptible de extenderse de modo indefinido: no solamente están los que dan órdenes, sino también los que dan consejos acerca de qué órdenes deben darse.

Creo que se trabaja demasiado en el mundo, que un dolor inmenso es causado por la creencia de que el trabajo es virtuoso… lo cierto es que el camino a la felicidad y a la prosperidad reside en una disminución organizada del trabajo.

El aristócrata prusiano, general mariscal de campo Erich von Manstein, tuvo puntos de vista similares, aunque llegó a ellos por medio de una ruta por completo diferente. Manstein era un soldado profesional de éxito que Hitler despreciaba a pesar de que era uno de sus mejores activos. Dirigió la impresionante

---

[102] Bertrand Russell, "In Praise of Idleness", http://grammar.about.com/od/classicessays/a/praiseidlenss.htm, consultado el 10 de octubre de 2012.

Blitzkrieg, que rápidamente postró a Francia en 1940 y luego se hizo cargo del XI ejército alemán, que tuvo un éxito similar contra los rusos en la guerra de Crimea, capturando Sebastopol con gran ingenio en julio de 1942.

En 1943-1944, dudó cuando se le pidió unirse a la conspiración contra Hitler; al principio aceptó participar y luego se distanció de los conjurados. Fue encarcelado por los británicos debido a crímenes de guerra en 1948, pero liberado en 1953. A partir de entonces, vivió una vida tranquila hasta su muerte en Munich a los 85 años de edad, aunque su autobiografía se convirtió en *best-seller* en la Alemania de la posguerra.[103] Manstein divide a los oficiales bajo su mando en cuatro tipos: estúpidos o inteligentes, y trabajadores o flojos.

Luego dio muy buenos consejos sobre cómo tratar con cada tipo:

1. Oficiales flojos, estúpidos: "Los dejan solos, ellos no hacen daño."
2. Oficiales trabajadores, inteligentes: agentes inteligentes que trabajan duro: "Son excelentes oficiales del Estado Mayor, lo que garantiza que cada detalle se consideró adecuadamente."
3. Funcionarios estúpidos que trabajan duro: "Son una amenaza y crean trabajos irrelevantes para todos. Deben ser despedidos de inmediato".
4. Oficiales flojos, inteligentes: "Ellos son aptos para el cargo más alto."

Los mismos principios pueden ser aplicados a los gerentes:

---

[103] Erich von Manstein, *Verlorene Seige*, traducido al inglés como *Lost Victoires*, editado por Anthony G. Powell St. Paul, Zenith, MN, 1958, 2004.

Manstein nos recuerda que la propia pereza no es una virtud. Funciona bien sólo cuando se complementa con una gran inteligencia. Por otra parte, los gerentes de mayor éxito que he observado también poseen otras virtudes, como reflexión, originalidad y visión, así como cualidades menos atractivas, incluyendo al menos una pizca de arrogancia, narcisismo y autoindulgencia. Dan un valor muy alto a su propio tiempo y a tener libertad para pensar las cosas sin ser molestado; por lo tanto, a su comodidad y al deseo de evitar tareas tediosas que el resto de nosotros abordamos a menudo para demostrar nuestras credenciales democráticas.

Estos estupendos ejecutantes son indudablemente flojos, pero el suyo es un tipo poco común de pereza, relacionada con la creatividad. Su genialidad les da confianza para ser flojos, y su pereza la libertad (de las presiones normales de trabajo), la busca de atajos para mejores resultados mediante el menor esfuerzo. Jacques, Bruce y Bill no habrían sido tan flojos si no hubieran sido tan imaginativos; y no habrían sido tan imaginativos si hubieran trabajado más duro. El eslabón más fuerte, sin embargo, es entre pereza y autoindulgencia, por una parte, y un tipo de determinación e inspiración, por el otro lado. Por lo regular, no asociamos pereza con determinación, pero encontrar una solución mucho mejor que implica menor esfuerzo es la forma más elevada de la pereza. Es la esencia misma del Principio 80/20 en acción. Quienes la practican son gerentes con visión, flojos, reflexivos, creativos, poseen una autoconfianza que raya en la forma más constructiva de la arrogancia.

La pereza y la selectividad también van de la mano. El director flojo debe ser selectivo; y el director selectivo puede permitirse ser flojo. La selectividad y el éxito van también estrechamente relacionados. Una vez que entiendas que muy pocas acciones y decisiones tendrán un desproporcionado impacto sobre tu carrera o las fortunas de su empresa, naturalmente buscarás esos pocos saltos grandes. Tú no sudas por las cosas pequeñas, ya que expulsan a las grandes. Warren Buffett, el inversionista más exitoso del mundo, con un patrimonio neto de alrededor de 50 mil millones de dólares, dice que la gran mayoría de su fortuna es resultado de menos de 10 decisiones cruciales. En el momento de escribir esto, Buffett tenía 82 años, y ha estado haciendo dinero desde que era un niño pequeño, por lo que eso representa sólo una fracción de más de una decisión importante por década. Es más fácil hacer algunas decisiones buenas si no pierdes tu tiempo en cosas que nunca cambiarán tu vida. La pereza, la selectividad y la confianza se complementan entre sí y son lo más cerca que podemos llegar a una fórmula corta de logros extraordinarios.

Cómo hacerse flojo

Ahora bien, antes de dejar la Vía número nueve, ¿qué pasa con aquellos que no son por naturaleza flojos o de modo excepcional egoístas? No todos los gerentes extraordinarios son naturalmente flojos. Por ejemplo, Bertrand Russell logró una cantidad enorme en su larga vida. Aunque elogió la ociosidad en otros, admitió que él mismo no estaba ocioso: "Yo creía todo lo que me dijeron (acerca de las virtudes del trabajo duro)", escribió, "y adquirí una conciencia que me ha mantenido trabajando duro hasta el momento presente."[104]

Tal vez es lo mismo para ti: la mayoría de los gerentes son trabajadores. ¡Yo mismo me he esforzado por hacerme más flojo a lo largo de mi vida… pero esto ha sido una lucha! Después de haber trabajado hasta 90 horas por semana durante mi tiempo en Bain, reduje esto a 40 o 50 horas cuando co-fundé LEK. Sin embargo, oculté la "pereza" a mis colegas por estar mucho fuera de la oficina y trabajar horas inusuales, a menudo tomando un largo descanso en la mitad del día para hacer ejercicio o reunirme con amigos y regresar a trabajar hasta tarde en la noche.

Cuando llegué a los 40, recorté mis horas otra vez. Ahora sólo trabajo tres horas por día, a no ser que cuentes lectura agradable y conversación como trabajo y en cierto modo lo es para mí, porque es cuando tengo mis mejores ideas. Si soy bastante afortunado para ser inspirado, esto por lo general viene cuando practico ciclismo, paseo, vacaciono o duermo. Sé que alcanzo más cuando trabajo menos. Aun cuando soy ocioso, todavía encuentro difícil no sentirme al menos un poco culpable.

Christopher Morley exaltó:

Pereza filosófica… clase de pereza basada en un análisis cuidadoso y congruente de la experiencia. Pereza adquirida. No tenemos ningún respeto por quienes han nacido flojos. Esto se parece a nacer como millonario: no puede apreciar su dicha. Es el hombre que ha lidiado su pereza contra la tenacidad de quienes alabamos.[105]

---

[104] Bertrand Russell, *op. cit.*, 1932.
[105] Cristopher Morley, "On Laziness", http://arammar.about.con/od/classicessays/a/onlaessay. htm, consultado el 10 de octubre de 2012.

Como dijo John W. Raper: "No hay placer en no tener nada que hacer. La diversión consiste en tener qué hacer y no hacerlo."[106] La pereza realmente funciona, incluso si no tienen la suerte de ser naturalmente flojos. Por supuesto, no se puede ser flojo en todo tipo de trabajo. Usted necesita encontrar uno donde controle sus propias horas de trabajo y no sea supervisado, lo cual explica por qué tantos triunfadores flojos inician sus propias empresas. Es más, la pereza no es fácil de alcanzar, a veces usted la dominará sólo al final de su carrera, y sin duda tendrá la determinación de apegarse a ella a lo largo del camino. Por último, los gerentes flojos alcanzan resultados excepcionales. Sólo por ser económico con la energía y la atención puede hacer que eso cuente cuando más importa.

Si la práctica de la dirección perezosa es difícil, el camino final de hacerse un gerente 80/20 puede ser aún más exigente. Sin embargo, es también a menudo la ruta más valiosa y provechosa. Éste es el mundo del gerente estratégico.

---

[106] Citado en Richard Koch, *the Breakthroug Principle of 16X*, Pritchett, Dallas, 2005, p. 17.

Vía número diez

Gerente estratégico

El futuro pertenece a los que creen
en la belleza de sus sueños.
Eleanor Roosevelt

Los gerentes estratégicos crean valor fantástico imaginándose de nuevo su negocio. Mediante la elaboración de nuevas formas de hacer negocios, ofrecen productos o servicios únicos para que los clientes estén dispuestos a pagar una prima, disminuir costos sin reducir la calidad o, de modo ideal, vender por más y producir por menos. La nueva forma de hacer negocios es muy rentable, es una solución 80/20. No es fácil convertirse en gerente estratégico, pero los beneficios pueden ser enormes para el director, los clientes y los trabajadores de la empresa.

Los pioneros de la gestión estratégica

A la edad de 30 años, mi carrera se había estancado. Había fallado en ganar la promoción a pesar de cuatro años de duro esfuerzo en el Boston Consulting Group. Mi respuesta fue ajustar aún más las horas y el esfuerzo, hasta trabajar días de 10 horas, los siete días de la semana. Dejé de hacer ejercicio, gané una panza y descuidé mi vida personal. Pero el hecho de esforzarme más no funcionó.

Me sentía miserable, por lo que renuncié antes de que me despidieran y pasé un mes conduciendo mi Porsch por el sur de Francia, que pronto me iban a embargar. Emprendí largos paseos, comidas, almuerzos y cenas aún más largas. También busqué otros trabajos. Terminé en Zurich una tarde soleada, hablando con un encantador caballero suizo llamado Egon Zehnder. Él había fundado su firma homónima en 1964, y durante los siguientes 16 años la convirtió en una de las principales empresas de *headhunters* del mundo. Amable, de impecable vestimenta y con una voz profunda, dejó una honda impresión en mí. Él era un gerente estratégico, ya que su idea de una empresa cazatalentos era totalmente diferente a la de sus competidores estadounidenses.

Todavía puedo recordarlo explicando las tres diferencias principales. En primer lugar, reclutó sólo personas de inteligencia excepcional, por lo que su personal siempre fue capaz de seguir el ritmo, incluso de los clientes más inteligentes. Antes, nadie en el negocio creía que un título de primera clase era necesario, ni siquiera particularmente deseable. En segundo lugar, contrató sólo a personas simpáticas y él puso los incentivos de la firma para crear la confianza, la lealtad y el espíritu de equipo.

En 1976, renunció a su participación mayoritaria en la empresa, que entonces valía decenas de millones de dólares, y entregó a cada socio una participación igual y su parte de ganancias. Para garantizar que todas las oficinas ayudaran unas a otras, había un solo fondo de lucro. Y para animar a otros colegas a tener una visión de largo plazo, la compensación fue unida a la antigüedad. En tercer lugar, rompió con la norma del negocio de tomar un porcentaje del sueldo del ejecutivo recién colocado del cliente. En cambio, él cobró los honorarios fijos, asegurando así que los intereses de su firma siempre reflejaran los del cliente.

Egon Zehnder fue gerente estratégico, porque pensó por mucho tiempo y de manera ardua cómo lograr resultados extraordinarios, para sus clientes y la empresa, al tiempo que empleaba profesionales que no costaban más que los de empresas rivales. Él inventó un modelo superior de negocio para su industria. Como hemos visto en capítulos anteriores, Bill Bain estaba haciendo algo similar en el sector de la consultoría en la misma época.

Estaba en el proceso de promover un sistema nuevo y radical basado en una intensa labor para un solo cliente en determinado sector y por consiguiente en la transformación de su rendimiento.

Habiendo decidido que el negocio de caza de talentos no era para mí, pronto me uní a Bain y adquirí experiencia de primera mano de la fórmula de Bill. Fue, sin duda, un maravilloso sistema.

Etiquetar a alguien como director estratégico no revela nada sobre su filosofía, estilo de dirección o habilidad en la gestión de personas. Aunque él se graduó de Harvard Business School, Egon fue un europeo típico: creía en una agradable colaboración colegial de iguales a largo plazo, no en la jerarquía o en la maximización de las ganancias de la empresa.

Bruce Henderson y Bill Bain, por el contrario, fueron los capitalistas de sangre roja. Pero había similitud entre ambos extremos. Bruce era un reto difícil de tratar y un individualista hasta la médula. Quería que la gente inteligente pensara por sí misma y creara nuevos conocimientos. Nunca he conocido a nadie que crea con firmeza en la libertad y la espontaneidad. Bill era todo lo contrario: le dijo a la gente qué hacer y esperaba que siguieran sus instrucciones al pie de la letra. Mucho más suave que Bruce, y para nada impetuoso, resolvió sus ideas centrales y las puso en práctica mediante un perfecto sistema de mando y control que no dejaba nada al azar.

La lucha por la supremacía entre Bill y Bruce puede verse como un microcosmos de los logros y las contradicciones del sistema estadounidense: el conflicto incesante entre libre creatividad, por un lado, y el despiadado genio organizador que impone un mejor camino, por el otro. Eso recuerda la fragmentación de la religión en miles de iglesias y sectas frente a la "ciudad sobre la colina", la idea de que hay sólo un camino verdadero. Es Silicon

Valley contra el Ejército de Estados Unidos, Internet frente al FBI, Apple contra Microsoft. Sin embargo, Bruce y Bill, Silicon Valley y el Ejército de Estados Unidos, Internet y FBI, Apple y Microsoft, como todo lo demás en este país, han sido y están moldeados por las grandes personas que se encontraban y les daban licencia inusual y a veces peligrosa para hacer sus propias cosas. En un nivel que no se puede alcanzar en otra parte del mundo, el logro en Estados Unidos es personal, basado en perspicacias idiosincrásicas, y en la libertad para crear nuevas organizaciones o reinventar las antiguas.

Considerando las diferencias a veces profundas de estilo e ideología, ¿qué tienen en común todos los directores estratégicos? Cada uno tiene un conocimiento único en su negocio, una visión radical sobre la mejor manera de hacer negocios y la determinación inflexible para llevarla a cabo. Por ejemplo.

- Herb Kelleher inventó un nuevo modelo para una línea aérea de bajo costo, divertida y muy rentable. Transporta hacia el sudoeste de Estados Unidos a más pasajeros que cualquier otra línea aérea en la actualidad.
- Bruce Henderson tuvo la idea de que una "empresa que piensa" (empleando a los jóvenes más brillantes interesados en cómo funciona el negocio) podría convertirse en un líder mundial en la consultoría de gestión.
- Bill Bain sabía que una consultoría podría formar una relación muy estrecha e íntima con una organización de cliente y, sobre todo, con el director general.
- Egon Zehnder calculó que podría transformar la industria de cazatalentos mediante la contratación de personas muy inteligentes, simpáticas y atentas, animándolas a colaborar con otras oficinas de la empresa dentro de un grupo global de beneficio.
- Mark Zuckerberg tomó el "facebook" de la vida real universitaria, en que los estudiantes compartían intereses y

fotos, y lo pasó al ciberespacio para crear un nuevo tipo de red social.

• Andrew Black y Eduard Wray fundaron Betfair y atrajeron la industria de apuestas sobre su cabeza, permitiendo a jugadores apostar uno contra otro por un precio muy bajo.

• En 1996, Larry Page y Sergey Brin tuvieron la visión de "organizar la información mundial y hacerla mundialmente accesible".[107] Para ello, su empresa, Google, desarrolló un tipo superior de buscadores, mucho más rápidos y sencillos que los pioneros, de empresas ahora olvidadas. Google procesa más de mil millones de peticiones de búsqueda cada día. Demuestra que los gerentes estratégicos no tienen que inventar la industria que pueden dominar. Pero si usted no es el primero, debe hacer cosas de manera por completo diferentes y mejores.

• En Sudáfrica, los supermercados de Raymond Ackerman eran diferentes. El papel del Pick and Pay, según él, fue trabajar para los consumidores y no para los proveedores de la firma. Esta idea fue todo menos relajante. Se trataba de asumir poderosos intereses creados, como cuando Raymond vendió la gasolina a precio reducido violando un acuerdo negociado entre la sombra del gobierno del Apartheid y las grandes compañías petroleras. Sin embargo, como Ackerman siempre me dijo, "hacer el bien es un buen negocio". En los años 1970 y 1980 la cadena se expandió con rapidez y se hizo excepcionalmente provechosa.

Las características esenciales del gerente estratégico

A menudo trata de alcanzar las estrellas, pero la gestión estratégica puede aplicarse en cualquier nivel de ambición, mientras cede

---

[107] Misión de empresa de Google Corporate Information, www.google.com/about/company, consultado el 19 de octubre de 2012.

resultados excepcionales al esfuerzo ordinario. Tú puedes encontrar gerentes estratégicos en todo tipo de negocios. Por ejemplo, cuando estaba en la escuela primaria en Inglaterra, uno de mis maestros fue un excéntrico llamado W. G. Babbington. Su innovación era enseñar desde una cómoda silla elevada sobre una tarima al frente de la clase. Cuando me sentaba junto a él me convertía en su "mano derecha", posición que nos iba tocando a cada uno de los miembros de su clase. La mano derecha llevaría a cabo la mayor parte de la lección, seleccionando las preguntas de los otros alumnos y, de ser posible, responder o encontrar a otros que lo hicieran. Para la primera y la última clase, durante cinco minutos, escuchábamos discos de música clásica favorita del señor Babbington. El sistema que él inventó hizo su trabajo fácil y agradable para él, y nos dio una experiencia de aprendizaje increíble.

Todos los gerentes estratégicos valoran la idea sobre la acción. A diferencia de la mayoría de sus colegas, nunca dejan que la acción o la conformidad expulsen hacia fuera el pensamiento. Entonces piensan mucho sobre cómo hacer más con menos. Sin embargo, esto no es fácil, lo que explica que el buen pensamiento estratégico es raro en el mundo de los negocios. Después de lo rutinario, conocer colegas, llamar o enviar un correo electrónico y visitar a los clientes, todo resulta mucho más natural para la mayoría de los gerentes. Así que se necesita mucha determinación para rechazar a todos y dedicar la mayor parte de su tiempo a pensar. Al principio, esto resulta incómodo porque parece novedoso. Es como caminar varios kilómetros después de haber pasado los últimos años conduciendo por todas partes. Sin embargo, nuestros cuerpos están diseñados para caminar y nuestros cerebros para pensar; si tú perseveras en ambos se hacen casi fáciles.

Dominar el arte de pensar es sólo el primer paso para convertirse en un gerente estratégico, porque el pensamiento serio inevitablemente conduce a la incertidumbre: después de todo, si no la hubiera, no tendríamos ninguna necesidad de pensar. Pensar siempre implica riesgo, puede comprometer con algo desconocido, de enormes proporciones, incluso perjudicial. Adoptar una idea innovadora es un juego de azar, ya que arriesgarás tu reputación, tiempo, energía y recursos de la empresa, sin saber qué pasará. Pero ten en cuenta que todo lo que el mundo moderno ha hecho hasta hoy (desde la agricultura mecanizada, la Revolución Industrial y la refrigeración, hasta la medicina moderna, el ciberespacio y todos los dispositivos móviles que han remodelado nuestras rutinas diarias) proviene de un juego basado en arduos pensamientos. Cada iniciativa de un nuevo proyecto o gestión comienza con un solo pensamiento, una hipótesis, conjetura o convicción de que tenemos la capacidad de lograr más con menos.

Gerentes estratégicos exitosos también tienen ambición extrema para crear un mejor modelo de negocio, comprender cómo lograr esto y, por último, determinación para hacer que suceda. Una vez que los elementos están en su lugar, los frutos de una idea brillante son enormes.

Por supuesto, muchos innovadores tuvieron lo que consideraban ideas ingeniosas, pero nunca escuchamos hablar de ellos porque fallaron. Probablemente, los nuevos modelos de negocio no eran mucho mejores que los ya existentes. Nuevos imperios se basan en revoluciones, no en leves mejorías. Asimismo, si una idea es en verdad innovadora, pero no conduce a precios más altos o costos más bajos para la empresa, fallará.

Y, por último, muchas grandes ideas quedan en el camino, porque las personas no tienen la ambición necesaria, habilidad práctica, coraje o impulso obsesivo para que sean exitosas. Los cobardes no se convierten en gerentes estratégicos exitosos.

Los secretos del éxito estratégico

Existen, entonces, muchos motivos por los que tu idea puede fallar, por muy revolucionaria que sea. Pero tú tienes la corazonada de cómo reconstruir su negocio, si sabes que un enfoque por entero diferente podría traer lo que le falta, y si tienes una idea de lo que el enfoque podría ser, entonces debes seguirla... porque podrías estar en camino de fundar el próximo Google o Facebook.

Repasando a los gerentes estratégicos que he conocido y observando lo que hacían, encontré algunas pistas sobre cómo lograron ser existosos en sus respectivos campos:

- A menudo, la diferencia fundamental es una nueva persona traída al negocio, y/o una nueva forma de organización para fomentar un alto grado de colaboración en la nueva empresa.
- Un tema común es atraer a las personas más inteligentes y motivadas y proporcionarles un patrón de comportamiento. Aunque esto es muy específico, también es liberador. Siempre y cuando sigas los valores del fundador, se te da gran libertad para utilizar tus recursos personales de la manera que te parezca y obtenga resultados. La autenticidad y la disciplina no son suficientes. Pero con disciplina la autenticidad triunfas una y otra vez.
- La economía funciona: los costos son más bajos y los márgenes son más gruesos (a veces a pesar de los precios más bajos) que en el modelo tradicional.
- El atractivo para los clientes es diferente. BCG fue la primera empresa de consultoría en apelar al intelecto de sus clientes, y la primera en contratar y promover sobre la base de la inteligencia fresca. Ningún consultor antes de Bill Bain se enfocó en los intereses personales y las ambiciones del presidente. Nadie antes de Herb Kelleher intentó el vuelo de bajo costo, además de hacerlo también divertido para los pasajeros y el personal.

Mark Zuckerberg fue el primer empresario en darse cuenta de que los estudiantes eran un gran mercado sin explotar por las redes sociales en línea.

Nadie antes de Larry Page y Sergey Brin integraba anunciantes de forma constante en los algoritmos de búsqueda.

Nadie antes de Andrew Black y Edward Wray dirijía jugadores de gran nivel capaces de obtener beneficios regulares en sus apuestas.

- A menudo hay un fuerte vínculo emocional entre el fundador, los gerentes de la nueva empresa y los clientes. A veces, el fundador se convierte en portavoz: él o ella personifica los valores de la empresa y proporciona extraordinaria (así como muy barata y eficaz) publicidad. Piensa en lo que el alto perfil de Richard Branson ha hecho por Virgin. El fundador representa algo, es la marca. El fundador también puede ser el modelo de la organización.

Considerando estos indicios, ¿cómo transformarías tu industria?

El gerente estratégico: el máximo gerente 80/20

La paradoja del gerente estratégico es que resulta fácil *ser* uno de ellos (el trabajo y la vida fluyen casi sin esfuerzo en la corriente exuberante), pero es en verdad difícil *convertirse* en uno.

Algunas personas lo logran sólo después de haber acumulado décadas de experiencia en la carrera elegida. Sin embargo, de las 10 vías para convertirse en un administrador 80/20, el estratégico es la quintaesencia de "80/20".

Tanto se ha logrado, incluyendo mucha diversión, mediante un esfuerzo relativamente pequeño, porque la idea original era muy buena.

¿Eso te interesa? Si es así, puedes alcanzar nuevas alturas y llegar a ser famoso por cambiar tu negocio... y, tal vez, el mundo.

Después de examinar las 10 vías diferentes para convertirse en un gerente 80/20, ahora es tiempo de ver cómo encajan juntas.

Resumen ejecutivo

El gerente total 80/20

Si desea calidad, actúe como si ya la tuviera.
William James[108]

Una cualidad brillante le otorga brillantez a otra,
o le oculta un defecto evidente.
William Hazlitt

El gerente 80/20 puede ser todas las cosas expuestas en este libro: buen investigador, muy bien relacionado, mentor, persona con influencias, liberador, busca el sentido, tiene buen manejo del tiempo, es facilitador, flojo y estratégico. Pero nunca he conocido a un gerente que encarne todos estos rasgos. De modo inevitable, te inclinarás hacia algunas de estas cualidades más que a otras. Para mí, después de años de intentarlo, sigo sin puntuación muy alta en pereza o tutoría. Como siempre ocurre con el Principio, tal vez sería mejor hacer tus fortalezas más extraordinarias y no preocuparte demasiado por corregir tus debilidades. Debemos ver las 10 cualidades como diferentes maneras de convertirse en un gerente 80/20, en lugar de exigir habilidad en todas ellas. Convertirse en el mejor gerente posible respecto a una sola de las dimensiones también transformará tu trabajo y carrera.

Sin embargo, todas las cualidades son importantes para alcanzar supereficacia directiva. El dominio de cada una puede ser un reto a corto plazo, pero los beneficios a largo plazo son tan enormes que el esfuerzo invertido será reembolsado decenas o cientos de veces a lo largo de su carrera.

---

[108] http://thinkexist.com/quotation/if_you_want_a_quality_act_as_if_you_already_had/226772.html

Cualidades de gerente	Reto acorto plazo	Beneficios a largo plazo
Buen investigador	Bajo	Alto
Bien relacionado	Bajo	Alto
Mentor	Bajo	Alto
Tener palancas	Bajo a moderado	Alto
Liberador	Moderado	Muy alto
En busca de sentido	Moderado	Enorme
Buen manejo del tiempo	Moderado a alto	Muy alto
Simplificador	Moderado a alto	Muy alto
Flojo	Alto	Enorme
Estratégico	Alto	Enorme

Vamos a recapitular los principales aspectos de cada una de las 10 vías.

Buen investigador

- Sin contar a niños y detectives, pocas personas se pasan la vida haciendo preguntas. Sin embargo, los gerentes deberían hacerlo.
- El mundo no es lo que parece. Todo se centra en los promedios, pero el negocio es impulsado hacia adelante por los extremos.
- Debajo de cada promedio existen fuerzas fabulosas y un montón de mediocres o malas. El truco consiste en averiguar cuál es cuál.
- Algunas preguntas siempre merecen ser hechas. Por ejemplo:

1. ¿Resulta muy rentable tener productos o clientes? (La respuesta es sí.)
2. ¿Qué idea poderosa podría aumentar mi negocio y mi carrera?
3. ¿Quién está logrando grandes resultados, y cómo?
4. ¿Cómo puedo hacer algo importante 10 o 20 veces mejor?
5. ¿Cómo puedo hacer mucho más con menos?
6. ¿Quién es mi cliente más importante?
7. ¿Qué cosa me está frenando más que cualquier otra?

Bien relacionado

- Los puntos de inflexión en nuestras vidas son raros. De modo curioso, a menudo provienen de personas que ocupan un segundo plano en nuestra vida, o incluso otras cuya existencia hemos olvidado.
- En la lotería de la vida, podemos adquirir, a un alto costo, algunos "billetes rojos": títulos, larga experiencia y trabajo duro. Pero también podemos obtener un número casi infinito de "billetes verdes" de bajo costo: eslabones débiles que se mueven en círculos diferentes a los nuestros. Cualquiera de los billetes verdes podría proporcionar información que mueva tu vida a una velocidad superior.
- El mayor beneficio viene y va hacia las personas que por lo regular ponen dos contactos en comunicación.. Éstos, "bien relacionados", destacan naturalmente de las uniones de nuevas ideas y nuevas oportunidades.
- Vivimos en "un mundo pequeño" porque los superconectores unen dominios dispares. Los "bien relacionados" son pocos en número, pero enormemente influyentes y beneficiosos para la sociedad.
- Es fácil convertirse en un gerente bien conectado. Y las recompensas superan con creces al esfuerzo requerido.

Mentor

- Los antiguos jefes que recuerdes con afecto son siempre los que te enseñaron algo. Estaban actuando como tutores de los administradores.
- Gerentes mentores están abiertos a sus errores y sus éxitos.
- Todos necesitamos estímulo y orientación. Es imposible funcionar bien sin ello.

- Muchas personas creen que la tutoría es una gran cosa. Sí en cuanto a resultados, pero no en términos del tiempo y la energía necesarios. Unos minutos cada semana, en el momento adecuado y con las palabras exactas, hacen un mundo de diferencia. Tú puedes tener un gran impacto mediante muy poco esfuerzo.
- Debes estar atento a las pequeñas señales que tus colegas te envían, y te indican que necesitan apoyo.
- Advierte cuando la gente hace algo bien y alábala con todo el corazón.
- Utilizar las 10 vías para ayudar a las personas retribuye en mayores resultados.
- Iniciar una tutoría piramidal: insistir en que cada miembro del equipo sea mentor de dos colegas.
- En la búsqueda de tutoría para uno mismo, hay que acercarse a la persona que realmente quiere, escuchar bien lo que tiene que decir, pedir ayuda sólo cuando realmente sea necesario, no exigir demasiado de su tiempo y dar algo a cambio.
- La orientación es más eficaz cuando es agradable.

Tener influencias

- Cuando realmente nos preocupamos por lo que queremos lograr, nuestra mente subconsciente trabaja horas extra para proporcionar la respuesta.
- Visualiza el éxito. Si no puedes hacer eso en tu trabajo actual, encuentra el entorno donde te sientas más seguro.
- Lograr el éxito en tu negocio mediante el reciclaje y la combinación de ideas que han operado maravillas en otros contextos.

- Reduce el número de decisiones por lo menos 90 por ciento, pero aumenta el tiempo en la toma de decisiones vitales.
- La falta de confianza lleva a la ineficiencia, mientras un ambiente de confianza permite hacer las cosas de forma rápida y placentera.

  Contrata y trabaja exclusivamente con (y para) las personas de la categoría "A". No hagas excepciones.
- Maximiza el uso del capital de la empresa. Si un proyecto promete rendimientos excepcionales, procura la inversión tan grande como sea posible. Los empresarios se enfrentan a mayores riesgos y costos, y a una pérdida de control cuando aumentan su inversión de capital. Rara vez eso es cierto para los gerentes.

Liberador

- En 1960, Douglas McGregor observó que había dos modelos de gerencia. La Teoría X se basó en el mando y control, en el supuesto de que la gente no iba a funcionar a menos que estuvieran supervisados o motivados por el dinero. La Teoría Y asumía que las personas están motivadas por la curiosidad, el deseo de colaborar y el placer de experimentar con sus propias habilidades.
- En cualquier actividad donde la creatividad no es importante, la Teoría Y es el "20 por ciento de la solución", pues ofrece más de 80 por ciento de los resultados.
- Sin embargo, muchas empresas, incluso las más exitosas en negocios emocionantes, todavía se adhieren a la teoría X.
- Es prácticamente imposible ser un gerente de la Teoría Y en una empresa de la Teoría X, así que ni siquiera lo intentes.

- Se requiere esfuerzo de voluntad para liberar, en lugar de controlar a su equipo. Ser un gerente liberador no es una opción fácil. Exige honestidad, apertura total y cumplimiento de altos estándares, pero es muy gratificante.

En busca de sentido

- Encontramos sentido a la vida y el trabajo mediante el cumplimiento de nuestro potencial.
- La gerencia es una vocación creativa, llena de posibilidades de interpretación según los países y las personas.
- En los negocios, una persona puede tener cientos de veces más impacto que otra ordinaria. Los avances importantes vienen de un muy pequeño número de ideas, empresas, productos, procesos, clientes e individuos. En este contexto, el principio es más como 99/1 que 80/20.
- Inspiración individual e innovación son recursos muy escasos y valiosos. El éxito verdadero, que vale la pena, está cimentado en logros únicos que tienen valor para muchas otras personas.
- El significado también está sujeto al Principio. Las pocas personas que encuentran el verdadero significado en su trabajo impulsan el progreso para el mundo entero.

Buen manejo del tiempo

- Durante miles de años, el tiempo y el resultado fueron encadenados. Ahora ese eslabón anda con dificultad, ha sido roto. El resultado valioso no está limitado por las horas de trabajo.
- Los experimentos han demostrado que más tiempo libre aumenta el valor profesional. Menos horas es igual a

mejores resultados. Sin embargo, la mayoría de los gerentes no actúan de acuerdo con esto. Todavía trabajan largas horas, aunque eso tenga un impacto negativo en su producción.

- Si se aplica el 80/20 de referencia, podemos trabajar dos días a la semana y alcanzar 60 por ciento más que cuando se trabajan cinco. Sin embargo, para los puestos de alto nivel y cualquier actividad creativa, eso es una gran subestimación. Algunas acciones o decisiones cruciales en semanas, meses, o incluso años, pueden añadir 99 por ciento (o más) al valor de 1 por ciento (o menos) del tiempo.
- El examen sistemático de cómo funcionan los gerentes muestra que la mayoría de ellos se arreglan de alguna manera. Les gustan las interrupciones y las crisis. Es difícil resistirse a las distracciones y trabajar sólo en cuestiones vitales, por lo que muy pocos directores lo hacen.
- Se necesita disciplina y no conformarse con tendencia general; al hacerlo, se logran mejores resultados en el trabajo y en la vida.

Simplificador

- Los gerentes más exitosos tienen la habilidad de tomar una imagen compleja y extraer su esencia de manera sencilla, gráfica y memorable.
- A la mayor parte de los directores les gusta la complejidad, por lo que la simplificación es difícil, ya que va en contra de la naturaleza de la gerencia.
- Sin embargo, es mucho más fácil si reconocemos y tomamos medidas para corregir nuestra tendencia natural a complicar.
- Evita problemas que no puedan ser simplificados. Concéntrate, en cambio, en cuestiones importantes que

pueden simplificarse y producirás resultados de gran alcance.

- Las soluciones no siempren requieren de que comprendas todas las causas de los negocios.
- Incluso, si no estamos seguros de una sencilla y adecuada solución, podemos experimentar.
- El mayor desafío para cualquier negocio basado en la innovación de productos es simplificarlos, hacerlos más asequibles y fáciles de usar. La simplificación del producto es difícil de lograr, pero es un camino seguro a la dominación y expansión del mercado.
- Comienza cada semana y cada día con un objetivo simple.
- La simplificación es el arte más descuidado del gerente. Se abre así la solución de problemas insolubles, lo que permite al equipo superarlos. Simplificar es dirigir.

Flojo

- La pereza es el camino del progreso, pero sólo aliada con el pensamiento inteligente y la gran ambición.
- Gerentes flojos e inteligentes hacen los mejores jefes y directores generales.
- La pereza cumple con la selectividad, y el éxito requiere selectividad. Nosotros logramos más cuando tenemos tiempo y ocio para centrarnos en las grandes decisiones.
- Todas las carreras exitosas en el negocio derivan de algunas decisiones importantes, pocas veces hechas.
- La pereza inherente no es admirable. Los mejores gerentes flojos han adquirido su pereza trabajando en ello durante años.

Estratégico

- Los gerentes estratégicos fantasean acerca de las mejores formas de hacer negocios en sus respectivas empresas.
- Estos gerentes piensan, inventan un modelo superior de negocio y una estrategia para alcanzarlo; tienen la determinación y el valor para realizarlo.
- Los directivos que han reconstruido sus negocios a menudo:
  - traen un nuevo tipo de persona al negocio;
  - aumentan, en gran medida, la colaboración;
  - inventan un nuevo modelo que recorta costos y aumenta márgenes;
  - atraen a los clientes de una manera novedosa, y/o
  - se hacen a sí mísmos, a la marca y al modelo de la organización.

¿Qué une todas las vías de un gerente 80/20?

Al reducir al administrador 80/20 a un conjunto de cualidades y acciones, se corre el riesgo de perder la visión global, complicar algo realmente sencillo y contundente. La esencia del administrador 80/20 consiste en la preocupación por los resultados y el respeto por el patrón asimétrico de la vida en conseguirlos.

Ser un gerente de 80/20 significa cada día pensar: ¿Qué meta grande puedo lograr con poco esfuerzo? Ambos componentes, ambición y facilidad, son esenciales para la vida basada en resultados y funcionamiento. Los gerentes que trabajan muy duro y pierden de vista el bosque por los árboles, no alcanzan éxito. Tampoco lo harán quienes tienen aspiraciones modestas.

Si no podemos conseguir buenos resultados mediante un esfuerzo razonable, es imposible lograr grandes resultados esforzándose más. A menudo debemos intentar menos o incluso renunciar antes de lograr algo maravilloso. Esto no significa intentar algo inferior, solamente algo diferente y, de ser posible, superior o encontrar una manera diferente de acercarse a la misma meta. No es que todo deba ser fácil, pero cada gerente 80/20 debe hacer algo mucho mejor y más fácilmente que cualquiera de sus colegas. Y es aún mejor si el gerente puede hacer las cosas mejor y más fácilmente que cualquier otro en el mundo. Sin embargo, a menudo lleva años, incluso toda la vida, descubrir qué es esa cosa.

El modo seguro de encontrar tu vía de poder es esforzarte más en algo que no haces bien, en particular, ahora. En cambio, piensa: ¿qué resultado que vale la pena (el más grande, el mejor) podría yo alcanzar a un grado más alto, y con menos esfuerzo, que alguien más? Este modo de pensamiento implica utilizar tu conocimiento, imaginación y voluntad. Debes querer dar de manera contundente en el blanco deseado y saber un truco o dos que te permitan hacerlo más rápido, con mayor exactitud y menos sudor que alguien más. Pero gerentes 80/20 también saben limitar su propia aportación personal y cómo utilizar la ayuda externa. Alcanzar objetivos nunca es esfuerzo de una sola persona: serán necesarios ideas de otra gente, trabajo duro, dedicación y a veces el dinero. Si tratas de hacer demasiado por tu cuenta, se producirá un error o pondrás en peligro la integridad de tu ideal.

En el mundo occidental, nuestra ética protestante de trabajo puede decirnos que el Principio suena a justificación de una pequeña élite para disfrutar de una maravillosa vida mientras un montón de gente trabaja duro en las minas de sal. Pero en este contexto, nuestra ética nos lleva por mal camino. En un ideal 80/20 cada uno trabajaría donde pudiera alcanzar más y los mejores resultados en menor tiempo y con menos estrés. Un enorme número de actividades consume el tiempo, la buena voluntad y los recursos de los negocios y la sociedad en general, incluyendo reuniones inútiles, supervisión molesta, servir a clientes equivocados, obligar a niños y adultos a obedecer órdenes arbitrarias, que buscan el estatus, la violencia y la guerra. Los gerentes de la Teoría X, y a quienes manejan, ven todo esto como algo esencial. Los gerentes de la Teoría Y entienden la importancia de evitarlo. Por definición, los gerentes que se liberan hacen menos ellos mismos: ellos liberan, no controlan; y la acción continúa cuando ellos no están presentes, incluso después de que ya no están.

Los gerentes 80/20 serán siempre una minoría. Incluso si el nivel general de capacidad de gestión aumenta de manera significativa desde el nivel actual, como lo han hecho en el pasado y probablemente lo harán en el futuro, porque seguirán siendo excepcionales, sea cual sea la norma que se impongan. El mundo nunca estará lleno de gerentes 80/20, porque el Principio mismo no lo puede permitir. Pero confío en que unos gerentes 80/20 más (quizás unos millones más) surgirán y ayudarán a crear un mundo mucho más cómodo y fascinante, más rico en todos los sentidos. ¿Y por qué no podrías tú ser uno de esos nuevos gerentes 80/20?

Conclusión

El gerente 80/20 y la organización 80/20

Y Dios creó a la Organización
y le dio dominio sobre el hombre.
Robert Townsend,[109] Génesis 1, 30 A, apartado VIII

Hay cincuenta formas de dejar a su amante,
pero sólo seis salidas en este avión.
Anuncio de seguridad de Suroeste Aerolíneas

Los gerentes 80/20 necesitan de las organizaciones 80/20, así como las organizaciones 80/20 necesitan gerentes 80/20.

Las compañías 80/20 poseen conocimientos patentados y obtienen grandes beneficios, principalmente "de negocios estrellas", en posiciones de liderazgo y mercados de alto crecimiento. Son los innovadores que han reinventado sus mercados. Una corporación que crece rápido y es rentable de forma sostenible es una empresa de 80/20, aunque ninguno de sus gerentes haya oído hablar del Principio. No importa si una empresa entiende o declara que es una empresa 80/20, siempre y cuando se comporte como una, siempre que innove, crezca rápido, goce de altos márgenes de ganancia y libere los talentos de su gente. Como Shakespeare sugirió una vez, "un perro con cualquier otro nombre ladraría también."

No obstante, ¿podríamos notar el surgimiento de un nuevo tipo de la autoconsciente empresa 80/20, que utiliza el Principio para reforzar y ampliar su ventaja? Como gerente 80/20, una

---

[109] Townsend, *op. cit.*, p. 7.

"superempresa 80/20" tendría estrategias altamente selectivas como las siguientes:

- Identificar cuidadosamente el núcleo de la compañía: composición, personalidad y ADN de la empresa, su forma de competir (excelencia operativa, liderazgo de producto y/o relación con el cliente), recursos básicos, clientes principales; por qué les gusta la compañía y sus productos y procesos básicos; entonces dedican toda su energía a la profundización del núcleo, haciéndolo cada día más impresionante, atractivo y totalmente diferente a todo lo que ofrece un rival.
- Liberar a sus empleados y exigir que todo mundo se comporte de forma abierta y honesta con sus colegas.
- Identificar las pequeñas partes de su base de clientes que representan la mayor parte o la totalidad de su valor real.
- Enfocar energía interna en la consolidación de estos clientes, obteniendo 100 por ciento de su negocio relevante, vendiendo más a ellos y la elaboración de nuevos productos que pueden venderse a los clientes de la base con altos márgenes.
- La posibilidad de tener nuevos clientes, similares a los ya existentes y rentables, tanto en zonas geográficas conocidas como más allá.
- Propiciar que los clientes no beneficiosos sean rentables, aumentando los precios y reduciendo los costos de contratación y al prestar un servicio; y, si esto no es posible, perderlos.
- Enfocarse en las pocas líneas de productos y empresas que representan la mayor parte o la totalidad de su valor real, expandir sus ventas y desarrollar extensiones.
- Simplificar los productos básicos, hacerlos más asequibles para abrir nuevos mercados.

- Crear maravillosos productos nuevos, mediante el pleno uso de las características y la creatividad de la firma.
- Propiciar que los productos no beneficiosos resulten rentables al aumentar los precios y reducir los costos, o bien, si esto es imposible, ejecutar para generar dinero en efectivo; y, si esto también es imposible dejar de hacerlo.
- Vender cualquier negocio que se muestra incapaz de lograr un alto rendimiento, a menos que sea necesario para atender a los clientes principales.
- Inspirar a cada empleado para que el núcleo de la empresa sea cada vez más poderoso.
- Basar su estrategia en una sola frase, y asegurarse de que todos en la empresa sepan lo que la estrategia es y cómo avanzar todos los días.

Mientras esté liberando a su gente, "la estupenda empresa 80/20" también se extenderá a través de:

- Convertir gerentes 80/20, multiplicando su influencia, garantizando que tienen un montón de tiempo libre para pensar, disfrutar del trabajo y la vida, y cumplir con sus obligaciones familiares y sociales.
- Sólo contratar gerentes 80/20 o de los que se convertirán rápidamente en ellos. Ser un director 80/20 implica respeto a todos los empleados, ayudándoles a ser más hábiles y creativos, y a que puedan actuar con calidez, autenticidad e integridad.
- Alentar a los gerentes que no pueden o no se convertirán en gerentes 80/20 a retirarse.
- Llevar a cabo talleres 80/20, compartiendo los mejores ejemplos de análisis y prácticas.
- El desarrollo de programas de tutoría para reforzar y ampliar el aprendizaje 80/20.

- Crear los equipos de proyecto 80/20, que serán pequeños, coherentes, ágiles, para alcanzar su objetivo único y puedan disolverse con rapidez.
- El establecimiento de vínculos débiles con los equipos y personas fuera de la empresa.
- "Juntarse" con otra empresa 80/20 en otro negocio o país para compartir conocimientos y puntos de vista diferentes.

Sin embargo, no siempre es aconsejable para un gerente 80/20 permanecer en una "gran empresa 80/20". Una vez que su imaginación y horizontes se han ampliado, pueden detectar nuevas oportunidades fuera de la empresa. La mayoría de las empresas de transformación son, paradójicamente, las mejores para intentar un cambio. Los líderes no pueden estimular la excelencia y el pensamiento innovador (ni deben hacerlo), sino concentrarlo únicamente dentro de las paredes de la empresa. Una verdadera empresa 80/20 tiene verdadera fuerza y sólo esto seguirá prosperando a pesar de la pérdida periódica de muchos gerentes excelentes. Incluso podría beneficiarse de la formación de nuevas relaciones con ellos después de que se hayan ido. Pero si sus salidas dejan huecos que no pueden cubrirse, la fundación de nuevas grandes empresas es más importante para la economía y la sociedad en general que la preservación de las grandes existentes. Por esa razón, los gerentes 80/20 deben estar sujetos a la movilidad constante.

Algunas empresas exitosas encuentran esto difícil de aceptar. Fomentan un culto que exalta a la empresa y denigra a cualquier desertor. Pero esto es una hipocresía. O crees en el desarrollo individual y la libre expresión, adondequiera que esto conduzca, o no lo crees. Los mejores líderes animan a su gente a tomar el mando de sus carreras, y luego a mantener relaciones amistosas de toda la vida con sus antiguos protegidos. Se dan cuenta de que no existe escasez de talento, sólo hay escasez de empresas que lo liberan. En última instancia, el individuo es más importante que la familia, la sociedad o el Estado. Las mejores familias, empresas y estados reconocen esto.

La grandeza es colectiva, pero su fundamento es individual y siempre cambiante. Grandeza liberadora dentro de ti mismo y luego dentro de los colegas podría parecer un milagro, pero es fácil una vez que sabes cómo. El secreto para ser un gerente 80/20 es darse cuenta de las altas aspiraciones mediante la inteligencia y aguda observación, no mediante trabajo y problemas. Al igual que los ángeles, podemos volar y levantar a la humanidad, apenas batiendo nuestras alas. Pero sólo si nos preocupamos a fondo por resultados específicos y si nuestra ambición es ilimitada. De lo contrario, ni siquiera vamos a despegar.

Esta obra se terminó de imprimir en octubre de 2013
en los talleres de Edamsa Impresiones S.A. de C.V.
Av. Hidalgo No. 111, Col. Fracc. San Nicolás Tolentino,
Del. Iztapalapa, C.P. 09850, México, D.F.